U0720058

知
常　　　／ 大 家 小 书　必 备 应 知 ／

古文字学初阶

李学勤 著

中华书局

图书在版编目（CIP）数据

古文字学初阶/李学勤著. —北京：中华书局，2025.3. —（知常）. —ISBN 978-7-101-16895-2

Ⅰ. H121

中国国家版本馆 CIP 数据核字第 2024UV6383 号

书　　名	古文字学初阶
著　　者	李学勤
丛 书 名	知常
责任编辑	孙永娟
封面设计	刘　丽
责任印制	韩馨雨
出版发行	中华书局
	（北京市丰台区太平桥西里 38 号　100073）
	http://www.zhbc.com.cn
	E-mail：zhbc@zhbc.com.cn
印　　刷	河北新华第一印刷有限责任公司
版　　次	2025 年 3 月第 1 版
	2025 年 3 月第 1 次印刷
规　　格	开本/787×1092 毫米　1/32
	印张 7⅛　插页 3　字数 80 千字
印　　数	1-5000 册
国际书号	ISBN 978-7-101-16895-2
定　　价	36.00 元

目录

出版说明

人类历史文明的发展与知识、思想的不断革新相辅相成，而知识与思想在此过程中，其精粹部分不断累积沉淀，形成了一个民族的内在文化，直至今日，我们的日常生活、精神信仰与审美旨趣都遵循着这种文化逻辑。它坚不可摧、恒常不变，像锚一样，在宏阔的宇宙中锚定我们栖身的坐标。而中华书局推出的"知常系列"丛书，就是进入经典古籍、进入中华优秀传统文化中的桥梁，它指引着我们回到中华民族精神文化的家园。

"知常系列"所遴选的图书，是阅读古代典籍、了解传统文化应知的、必备的常识类书籍。我们如果对于古人的名字、古文字知识、古代礼仪、古代官阶等一些基本情况不了解，不仅难以顺利阅读，甚至会误读，也就很难领会传统文化的精髓。故而编选这套丛书的初衷，就是为了解传统文化铺平道路。作为一套入门书，其基本特点如下：

一、入选图书，每本皆为这一研究领域名家撰写。

二、文字浅显易懂，内容精准简练。

三、坚持优中选优的原则，尽量选择阅读轻松、内容上乘的作品。

希望这套丛书，能够带您更快进入中华优秀传统文化的世界，知甘露味，得大智慧。

中华书局编辑部

2024年9月

序

中国古文字学近些年得到前所未有的发展，可以说从一种很少人问津的所谓"绝学"，一跃而为颇受社会重视的热门科目。我想，这一方面是由于科学的春天已经到来，各门学科都在大步迈进；另一方面也是因为古文字学对研究考古工作中出现的大量新材料发挥了效用，充分显示出这门学问的实用价值。古文字学的长足进步，有两个值得称道的标志：

一个标志是，这个学科的群众性学术组织——中国古文字研究会于1978年成立，并先后举行了四届年会。会上提出的论文一年多似一年，而且就若干重要学术问题展开了热烈讨论。大部分论文刊登在《古文字研究》上。《古文字研究》应当说是相当专门的出版物，居然能够畅销，在有些地方还挺难买到。另一个标志是，有不少青年朋友喜爱古文字学。

他们不怕这一学科的枯燥艰深，千方百计地搜集材料，攻读有关论著，初试锋芒，就表现出不少创见。成名的古文字学家，有的年老，有的事忙，但这几年都招了研究生，所录名额之多，在以前也是很难设想的。

青年同志开始对古文字学发生兴趣，每每经过不同的途径。其中有些位是从事文物考古工作的，在工作实际中接触到古文字，迫切需要加以释读。有些位的主攻方向是古代的历史文化，深感不能局限于书本，希望能利用出土的古文字材料，作为文献的印证和补充。还有些人则是艺术的爱好者，首先练习篆书或篆刻，于是追溯到古文字的领域。不管经由哪一条道路，殊途同归，都需要古文字学的入门读物。

为青年朋友们写一点东西，是我多年以来的心愿。我们曾经建议，不仅要编写新的《古文字学通论》，总结学科成果，而且应该尽快出版古文字学各个分支的概论性著作。这些书，必须充分反映学科的最新水平，同时要用现代语言编写，使这门学科的知识迅速普及开来。可惜的是，目前符合这样要求的作品还不是很多，不能满足社会上的需要。

写到这里，我不禁回想起1951年我在北京图书馆（现国家图书馆）认识的一位青年同志。那时我经常在图书馆看书，这位同志当时在邮局工作，利用业余时间来图书馆，夜以继日，极为勤勉。他费力读了很多甲骨文方面的书籍，但苦于无人指导，终于没有取得什么成绩。这样的事例，我遇见的还有不少。想到这些不得其门而入的朋友，深感应该写一本较浅近的小册子，帮助他们在学习古文字学的道路上走第一步。

这本小书取名"初阶"，就是第一步的意思。与整个漫长的旅程相比，第一步自然是微不足道的，不过第一步如果迈错了，常会导往错误的方向。入门书必须提供读者必要的、准确的知识，因此对作者的学识反而要求很高。承《文史知识》编辑部约写这本书，自知学力浅薄，有负雅意，但我的一点心意是寄托在里面了。希望读者把它看作我奉献给你们的小小花束。

作者

1983年4月北京

1

一

什么是古文字学

中国是一个历史久远的文明国家，文字的发展已经有了几千年的历史。在我国辽阔的幅员上有许多民族，共同缔造了绚丽灿烂的古代文明，但公元以前的文字主要是古代的汉字，另外就只有目前尚未解读的巴蜀文字。因此这本小书所讲的古文字，仅指古代汉字而言，这是需要首先声明的。

　　在漫长的历史时期里，中国的文字经过了一系列演变发展的阶段。即使十分熟悉现代汉字的人，没有特殊训练也不能通读古文字。在许多人心目中，古文字是带有一定神秘色彩的，实际上古文字有其本身的规律。研究这种规律，释读古文字，借以揭示古代历史文化奥秘的学问，就称为古文字学。

　　古文字学是一门有实用意义的学科。在现代，我国的考古学迅速发展，通过发掘不断发现大量重要的古文字材料，这便要求运用古文字学的知识进行释读研究。

当前专门从事古文字学工作的人数还很少，而新出的古文字材料日益增加，现有人力不能适应客观需要。同时，为了更好地开展文物考古工作，也需要普及古文字学的基础知识。

我国古文字有一点和某些古代文明国家的文字不同。比如古代埃及的文字（图1）、玛雅的文字（图2）等，由于历史的原因，早已"死"了。有的经过学者反复钻研才得到释读，有的甚至到今天还无法译解，有待学者继续努力。中国的古文字并没有"死"，它一直绵延流传下来，演变成现今通行的汉字，真是源远流长。

既然从古文字到今天的汉字是一脉相承的，那么究竟以什么时候的文字作为古文字学的对象呢？上限是不用说的，应该上溯到文字的萌芽，问题是古文字学研究范围的下限。

一般地说，我们以秦代统一文字作为下限，也就是说古文字学研究的是秦统一文字以前的文字，即先秦文字。不过，在最近一些年，考古工作者发现了好多从秦代到汉初的文字材料，发现其文字在一定程度上还保留着先秦文字的一些特点，适合用古文字学的方法去整理研究。这样看来，也许我们可以把古文字学的范围放

图1 古埃及象形文字

图2 古玛雅文字

宽，把汉武帝以前的文字
包括在内。

秦统一文字（图3）是
中国文字演变史上的一次
大转折，这次转折不可能
在秦代短促的十几年中完
成，而是通过汉武帝以前
的几十年期间逐步走向定
型的。经过这一转折，汉
代的文字和先秦文字差异

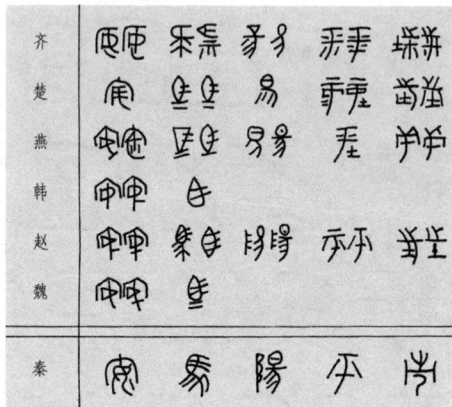

图3 秦统一文字表

相当大，以致那时的学者已难通读先秦的文字。这时就
出现一些人对古文字作专门的研究，如孔安国、张敞、
扬雄、许慎等。汉晋以下，不少学者对当时发现的青铜
器、竹简等有所研究，他们的成果是古文字学的滥觞。

到两宋时期，由于朝廷提倡，金石之学大盛。这
时开始出现著录青铜器及其铭文的专书，特别是北宋末
年吕大临编的《考古图》，有器物图形、铭文，详记发
现地、尺寸、重量，附有考释，体例美善，为后人所取
法。宋代有不少精研古文字的学者，如诗人李清照的丈
夫赵明诚，所著《金石录》至今仍有参考价值。钱币、

玺印的著录和研究，也是在宋代发端的。

崇尚天道性命之说的理学在思想界占统治地位以后，古器物及文字的研究暂时衰颓，元明两代没有多少有价值的作品。这种局面到清代汉学振兴时又扭转过来。自乾嘉以下，名家辈出，一开头仍继续宋人风尚，以青铜器研究为主。到晚清陈介祺、孙诒让等人的时期，着眼范围大为扩大，收藏既富，创获也日益增多。罗振玉、王国维首先用近代的方法整理研究古文字。尤其是王国维的著作影响极大，为学术界所尊崇。

从乾嘉学者到王国维，给我们留下了很多宝贵遗产，但他们究竟是属于上一个时代的。这主要有两点：

第一，他们不能以考古学的材料作为研究的基础。中国的考古发掘工作始盛于1928年的殷墟发掘（图4），可是即使到新中国建立前夕，通过科学发掘获得的古文字材料仍然是有限的。学者所能运用的资料，大部分是偶然发现甚至盗掘的，其价值不免有所逊色。只是到新中国成立以后，考古工作蓬勃发展，才有可能以考古学材料作为古文字学研究的主体。

第二，也是更重要的，过去学者没有正确的理论作为研究的指导。20世纪20年代末，郭沫若同志为了探索

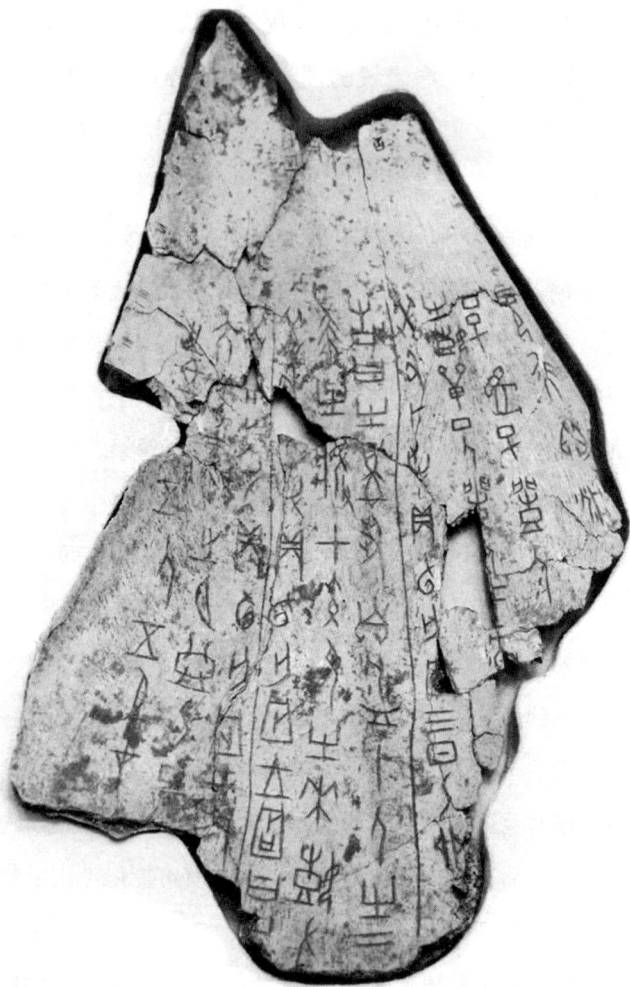

图 4 殷墟出土甲骨文

中国古代社会的真相，向在社会史论战中歪曲马克思主义的各种倾向斗争，开始研究卜辞、金文，为"用科学的历史观点研究和解释历史"开辟了新路。

今天的古文字学和以往的金石学是不相同的。我们主张继承金石学的优良成果，但也必须看到当代水平的古文字学已经是具有新的面貌的现代学科。现在的古文字学与考古学、古代史、语言学、文献学都有密切联系，是一门成熟的、有自己的范围和方法的独立学科。

古文字学与考古学的联系是最明显的。所有古文字材料，不管是甲骨也好，青铜器也好，其他也好，都是从地下发掘获得的，同时也都是考古材料。对于上面有文字的古器物，同样适合用考古学的方法去整理和研究。在判断古文字材料的性质和年代等问题上，考古学的层位学、类型学等方法是很有力的手段。例如从20世纪40年代开始，国内外学者热烈讨论"文武丁卜辞"（图5）的时代问题，其解决很大程度是依靠了出土坑位和地层的分析。

古人研究古文字，已经注意到了器物的出土地点。现在我们更有必要将古文字材料与所出自的遗址或墓葬结合在一起来考察，充分考虑伴出的器物等方面。对一件有文字的器物，不仅要释读文字，还要就器物本身做出研究。只有这样，对古文字内容的理解才能深入和全面。

反过来说，古文字学对于考古学也是极为重要的。一处遗址或墓葬，如果发现了文字材料，每每能说明许多关键性的问题。解放初在洛阳以西发现遗址，出有带汉河南县地名的陶文，从而确证了河南县城的位置，由此又论证了周围的东周城址是周的王城。这样的事例，不胜枚举。从一定意义来说，古文字学是考古学的一部分，两者的关系是彼此不可分割的。

图5　记载商王武丁卜辞的甲骨文

古文字学对古代史的研究也做出了重要的贡献。大家知道，从晚清到民初曾兴起过有进步意义的疑古思潮。这种思潮改变了人们的古史观，但其副作用也导致了人们对古代历史文化认识的空白。在填补这一空白、重建古史的过程中，甲骨文的发现和对于青铜器铭

图6 记载殷商先祖夒的甲骨文

文（金文）的研究起了很重要的作用。在甲骨文中找到了完整的商王世系（图6），充分证实了《史记·殷本纪》基本上是真实可信的，这就把空白了的古史重新上延了若干世纪。现在，对古代历史文化的一切研究，都不能脱离古文字学所提供的素材。

有一种观点，认为古文字学的研究只有利于对古代社会经济、制度等方面的探索，对思想、文化方面没有很大作用，这个看法是不妥当的。多年以前已有学者探讨甲骨、金文中反映的意识形态。近些年所发现战国至汉初的大批简册、帛书，更为古代思想史、文化史的研究开拓了前所未有的眼界。其中包括了很多久已佚失的古籍，如道家黄老学派的著作，阴阳五行家的作品（图7），过去都是没有机会看到的。由于这些材料的重现，文化史、思想史中的不少章节，看来是不得不重写了。

古文字学与语言学的联系，也是显而易见的。中国

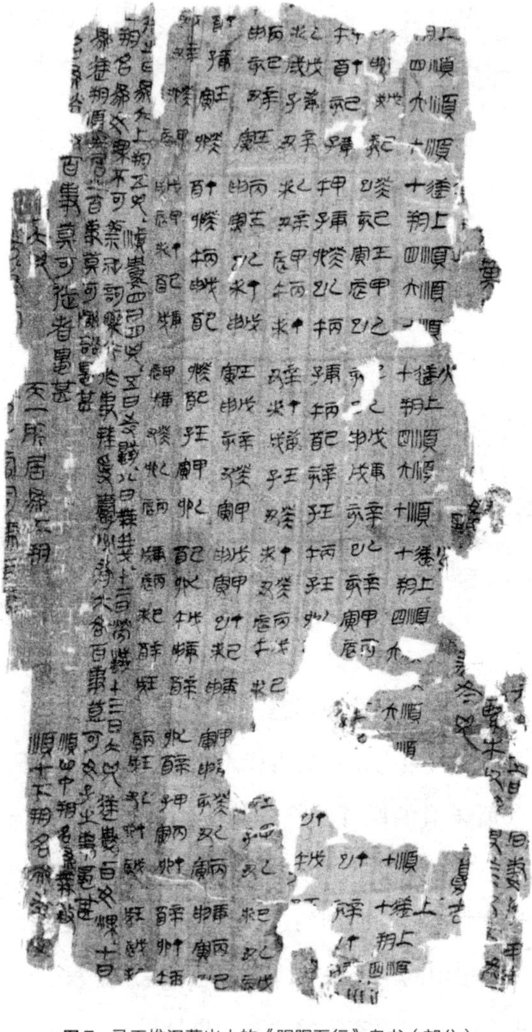

图 7 马王堆汉墓出土的《阴阳五行》帛书（部分）

的语言学近年已有较大进展，语言学的一些普遍原理，特别是关于古代语言文字研究的成果，都可移用于古文字学。这里应该说明的是，一般讲的文字学，并不等于这里说的古文字学，因为中国的文字学的范围要贯通古今，因而其内涵比古文字学广泛得多。王力先生的《汉语史稿》，开宗明义即对此有所阐述，我们觉得是很精当的。古文字学所研究的，限于古文字文物材料，而古文字学的成果又必然会融合到整个古代语言文字的研究中去。

古文献和考古文物，是两个不相同的范畴。我国传世的古代文献典籍数量很多，历代学者所作注释、笺疏更是汗牛充栋。文献学的丰富积累，是研究新发现古文字材料的凭借。我在别的文章里也提到过，前辈知名的古文字学家，无不对文献有深湛的研究。即以孙诒让为例，凡读过他的《周礼正义》的人，对他能写出《名原》《契文举例》《古籀拾遗》《古籀余论》等名著就不难理解了。

文献可以证古文字，古文字也可以证文献，这是王国维先生《古史新证》提倡的"二重证据法"。于省吾先生提倡"新证"之学，著有《双剑誃尚书新证》等书，即以甲骨文、金文去证经籍。陈直先生著《史记新证》《汉书新证》，也是以秦汉文字材料去证史书。我们以为，以古文字与同时期的文献彼此补充印证，能收左右逢源之效，对古文字学和文献的发展都极有裨益。比如，以西周金文与《尚书·周书》各篇对比研究，以秦简与《墨子》城守各篇和《商君书》对比研究，都取得过较好的成绩。

正因为古文字学与几种学科有密切联系，所以学古文字学的人必须有广博的知识基础和训练，才能应付裕如。这种情形，也表现出古文字学已经是一门成熟的学科。

说古文字学是成熟的学科，还有一个重要的理由，就是古文字学本身业已具有几个可以独立的分支。大体说来，古文字学有以下四个分支，每一分支都可称为专门之学。不难看出这四个分支，是各以古文字发展的一定阶段为基础的。

夏代以及更早时期的文字，目前仍然是有待探讨的课题，可称之为中国文字起源问题。由于可资探究的材料较少，这方面的研究尚未成为一种分支学科，有待于未来的考古发现。商代的文字材料较多，有青铜器、陶

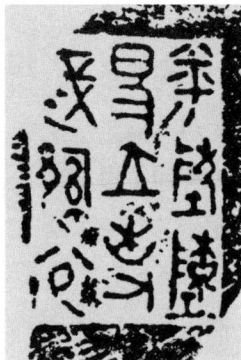

图8　战国齐陶文拓片

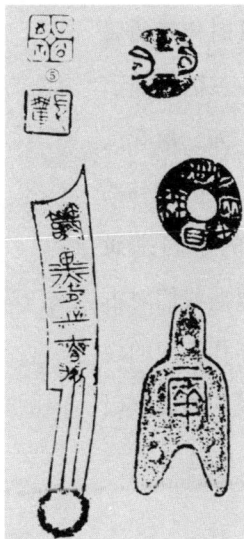

图9　春秋战国时期的货泉文字

器和一些玉石器上的文字，但最主要的是占卜用的甲骨上面的卜辞，即所谓甲骨文。甲骨文基本上都是河南安阳殷墟出土的，时代属于商王盘庚迁殷后的商代后期。甲骨文的研究构成古文字学的分支之一，通称为甲骨学。

青铜器的研究，是古文字学的另一分支。上面已经提到，商代的青铜器已有铭文，不过商代的铭文一般较简短，到西周才发展为可与《尚书》比美的鸿篇巨制。而且，从西周到春秋时期，古文字材料主要都是青铜器的铭文，此外只有数量很少的甲骨文、陶文和石刻，所以研究这一时期文字，基本上要依靠青铜器的研究。

战国时代的情况便有所不同。这个时期的古文字材料，除青铜器铭文外，陶文（图8）、玺印、泉币（图9）等都相当丰富。不仅材料种类繁多，文

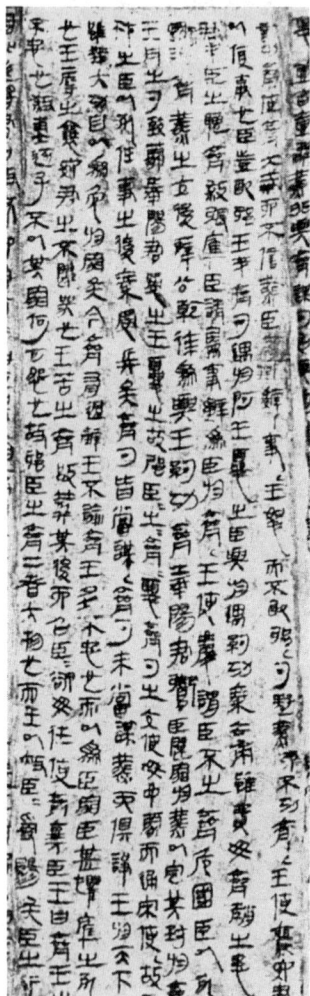

字的分歧变化也比较复杂，需要作为一个新的领域来专门考察。由于这样的原因，从20世纪50年代起出现了古文字学的又一分支，即战国文字研究。

古文字学的第四个分支是简牍、帛书（图10）的研究。简、帛在近些年有大量发现，其时代早的属于战国时期，多数则属于秦汉至晋代。简、帛有其独特的性质，在国内外都已作为专门的学问来研究。当然，根据我们对古文字学涉及年代下限的规定，汉武帝以下的简牍已超出古文字学的范围了。

图10 帛书本《战国纵横家书》（部分）

2

二

形、音、义

文字包括形、音、义三方面。以今字而论，试查《现代汉语词典》1977年试用本第1202页，有"一"字，其形为"一"，音为yī，义有八条，第一条是"数目，最小的整数"。古文字也是如此，有时我们对其形不能分析，或不知其音，不解其义，这就需要进行细心的研究。

古文字学的研究总是从辨明文字的形体着手的，因此有些学者主张古文字学应以字形的研究为主，甚至应只限于字形的研究。其实，文字的形、音、义三者是不能截然分开的。只研究形而不兼顾音、义，会为我们的工作带来很大的局限性。

古人研究文字，有"六书"之说（图11），就是将文字的形、音、义三者统一考虑的。"六书"说固然陈旧，但在这一点上还有我们应当借鉴之处。

"六书"是古代教育中的"六艺"之一。《周礼·保

象形		形声		指示		会意		假借		转注	
日	⊙	妊		上		武		令		考	
女		祀		下		牧		长		老	
人		洹		本		家		闻		顶	
水		江		末		比		自		舟	
牛		河		刃		鸣		要		船	

图11 六书简表

氏》云：

> 保氏掌谏王恶，而养国子以道，乃教之六艺：
> 一曰五礼，二曰六乐，三曰五射，四曰五驭，五曰
> 六书，六曰九数。

什么是"六书"呢？《汉书·艺文志》"小学家"下云：

> 古者八岁入小学，故《周官》保氏掌养国子，
> 教之六书，谓象形、象事、象意、象声、转注、假
> 借，造字之本也。

《艺文志》本于西汉刘歆的《七略》，所以这种说法可能出自刘歆。《周礼》注引郑众云：

> 六书，象形、会意、转注、处事、假借、谐声也。

许慎的《说文解字》（以下简称为《说文》）序所论最为详细：

> 《周礼》八岁入小学，保氏教国子，先以六书：一曰指事。指事者，视而可识，察而可见，"上""下"是也。二曰象形。象形者，画成其物，随体诘诎，"日""月"是也。三曰形声。形声者，以事为名，取譬相成，"江""河"是也。四曰会意。会意者，比类合谊，以见指㧑，"武""信"是也。五曰转注。转注者，建类一首，同意相受，"考""老"是也。六曰假借。假借者，本无其字，依声托事，"令""长"是也。

郑众（图12）、许慎都是刘歆的徒裔，三种"六书"说只

图12 郑众像

是名词和次第略有不同，实际上是古文经学家一脉相传的师说。

"六书"的意义，从许慎所举字例可以概见。指事、象形、形声、会意都是从形的辨析着眼的，也就是由文字的结构来看造字之本，这是容易理解的。形声字的表声的部分，如"江"字所从的"工""河"字所从的"可"，自然也涉及了文字的音。比较难于说明的，是转注和假借。转注自古以来没有定说，各家解释纷纭，但

《说文》"考""老"互训，属于同一部首，这显然有涉于文字的义。假借从现在看来，是以音通为本，音同或相当接近的字可相假借。因此，"六书"不是只限于字形，也与音、义有密切关系。

正是因为这个缘故，我们认为古人的"六书"说是不可废的，但如果把它通盘移用于对古文字形体的分析，又是不能完全适用的。

讨论古文字的演变，不要忘记，古文字在形、音、义三个方面都和今天的汉字有所不同。不注意这一点，用今字的形、音、义推论到古文字，每每会酿成错误。

汉字的形体经过了长时期的流变。许多读者一定熟悉秦以后汉字发展史的轮廓。大家常说"真、草、隶、篆"，这四种字体的产生次序刚好是相反的。篆书出现最早，现在人们讲的篆书是小篆，在秦代已成为官方的字体，用于比较庄重的场合。隶书也是在秦代规定为通行字体的，当时多用于文书以至民间。草书的起源说法不一，从秦人的隶书中已可看到一些端倪，到西汉时形成，有居延等地出土简牍（图13）作为实证。真书即楷书的形成最迟，但也可上溯到东汉晚期。近

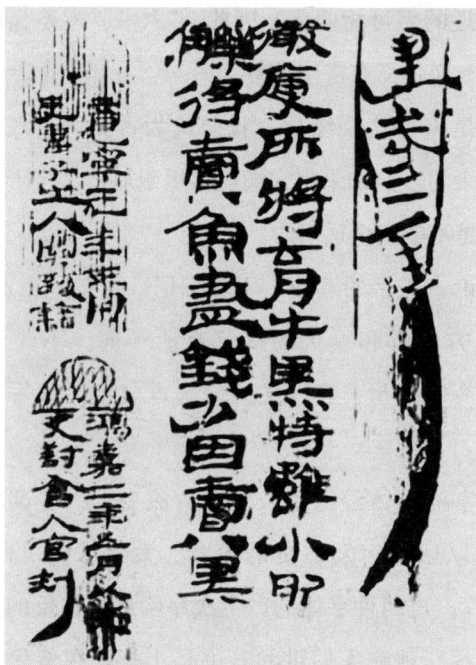

图 13 带草书笔意的居延东汉建武三年简

年发现的一些陶器上的毛笔文字，有的有明确的纪年；还有像光和大司农权（《中国古代度量衡图集》209）这样的器物，有明显的楷书笔意，其年代均为东汉末年。

商周的文字，也有人称为"篆书"，这是不很恰当的。《说文》序提到与小篆不同的大篆，是指周宣王时太史籀所著《史籀》十五篇的字体。秦代李斯作《仓颉篇》（图14），赵高作《爰历篇》，胡母敬作《博学篇》，

图14 甘肃永昌水泉子出土《仓颉篇》（部分）

对大篆加以省改，成为标准的小篆。由此可见大篆是小篆的前身，与小篆相似，不能用来概括商周文字。按照《说文》序的讲法，汉代各地在山川间发现鼎彝，"其铭即前代之古文"；还有当时见到的前代典籍，也属于古文。因此，商周文字在许慎心目中是叫作古文的。不过，从《说文》现存的古文看来，基本上是战国时期的六国文字，所以如果把商代到春秋的文字称为古文，也容易造成误解。

以"甲骨文""钟鼎文"等词作为文字发展的阶段，也是不合适的。甲骨文是商代的文字，但商代文字不限于甲骨文。从已发现的商代用毛笔书写的文字看，甲骨文由于是锲刻的，实际还不是那时典型的字体。周代的金文也是如此，它们是铸或刻在青铜器上的，因而与毛笔（图15）书写的文字有所差别。如以春秋晚期的晋国金文和笔写的侯马（图16）、温县盟书（图17）对比，就容易看出这种差异。我们的

图15 战国时期的毛笔

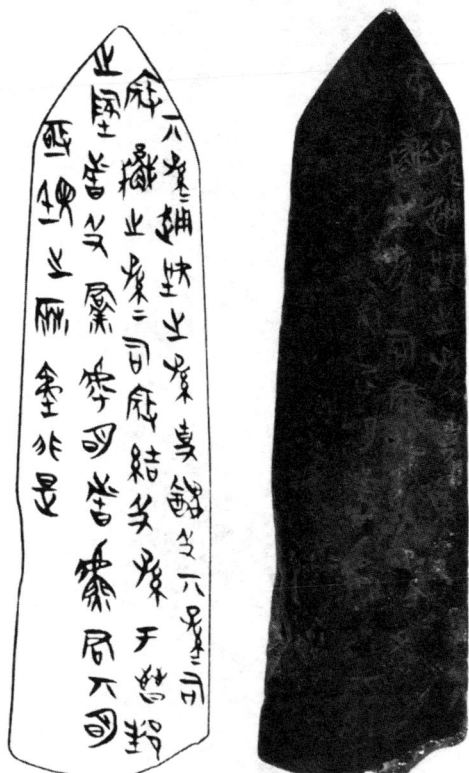

图16 侯马盟书（部分）

图 17　温县盟书（部分）

意见，最好是采用"商代文字""西周文字"这一类按时期划分的词，比较准确而且方便。

古今字形的悬殊，不妨以最常见的干支字（图18）作为例证。天干中的"甲"，商代作"十"；"丁"，商代作"口"；地支中的"子"，商代作"𩵋"或"𩵋"；而"巳"，商代则作"𢀴"，反而像是"子"字。这些古文字，如果没有经过研究，是无法直接辨识的。晚清著名的文字学家孙诒让，也不免把"巳"读为"子"字。不考察文字的演变过程，简单地由今字结体推测古文字，是很危险的。

古今字音也有很大的变化。古书文字有不少是有韵的，但用今音来读，似乎就不押韵了。比如《诗经》，原来是用以歌咏，自然应当押韵，可是其中有些用作韵脚的字，到唐宋时期念起来已不叶韵，曾引起许多学者的困惑。金文很多也是有韵的，用今音来读有时也不能叶韵。这就需要对古音和古今字音转变的规律有所了解。

在研究形声字时会碰上类似的问题。按照古人构字的原则，从同样声的字音应当是相同或相近的，经过历史的演变，这种共同性会消失，以致很难认识了。与此

甲子乙丑丙寅丁卯戊辰己巳庚午辛未壬申癸酉
甲戌乙亥丙子丁丑戊寅己卯庚辰辛巳壬午癸未
甲申乙酉丙戌丁亥戊子己丑庚寅辛卯壬辰癸巳
甲午乙未丙申丁酉戊戌己亥庚子辛丑壬寅癸卯
甲辰乙巳丙午丁未戊申己酉庚戌辛亥壬子癸丑
甲寅乙卯丙辰丁巳戊午己未庚申辛酉壬戌癸亥

图18 商王武丁时期刻干支表牛骨拓片

同理，有些假借字为什么能够通假，不了解古音也就无从知道。因此，学习古文字学必须懂得古音。

古音的奥秘是由清代学者解开的，他们的许多成果可供我们运用。如古韵分部，现在最细密的分法有三十一部，如下表：

阴	入	阳
1.之	2.职	3.蒸
4.鱼	5.铎	6.阳
7.支	8.锡	9.耕
10.幽	11.觉	12.中
13.宵	14.药	
15.侯	16.屋	17.东
18.歌		
19.祭	20.月	21.元
22.微	23.物	24.文
25.脂	26.质	27.真
	28.缉	29.侵
	30.叶	31.谈

这样的分法，除一些细节外，基本上在清代业已确立。

古文字音的研究是一门专门的学问，学者欲知其详，应阅读有关的概论性著作，如王力先生的《汉语音韵学》《汉语史稿》等。检查某字古音，可使用周法高

《新编上古音韵表》。该表在董同龢《上古音韵表稿》基础上有所更订，附有部首索引，便于检查。不过表中的拟音只是一种学说，学术界有不同意见，用者宜加注意。

清代朱骏声的《说文通训定声》对古文字研究很有用处。它的特点是以音系字，把古音相接近的字排列在一起，便于看出其间谐声和通转的关系；在每个字下又详注训诂，把音、义间存在的一定联系也体现出来了。《说文通训定声》的缺点是韵部划分较疏，如脂部和微部没有分开，同时朱氏的韵部名称是独出心裁的，用了"丰""升""临""谦"等卦名，不便记忆。学者用这部书，最好先用纸片写一张韵目对照表，标出书中韵目与常用古韵的关系。另外，书末的分部检韵也不现代化。近来影印本有笔画索引，希望将来再印此书附上方便的部首索引和四角号码索引。

古今字义的变化也是必须注意的。同样一个字，在古代的训诂可能与现代很不相同。有些字的古义经过时间的流逝而消失了，有些字的古义通过一定的过程在今义中只留下一些影子，同时又有一些字得到了新的训诂。要查明古义，首先是依据古代的注释、训诂书籍。清代阮元主持编辑的《经籍籑诂》一书，把群书汇集在一起，便于学者研究。这部书最近有影印本，很容易得到。书首有依笔画排列的目录索引，查阅尚称方便。

以《经籍籑诂》卷一上平声一东的"桐"字为例，所列训诂有不少是现在人们所不熟悉的，如：

> 桐，痛也。(《广雅·释诂一》)
>
> 桐者，痛也。(《白虎通·丧服》)
>
> 桐，洞也。(《法言·学行》)
>
> 桐，读为通。(《汉书·礼乐志》集注)

不查《籑诂》，就很难想到"桐"字除作植物名、地名外还有这些解释。

应当承认，商周古文字有些训诂是不能在古书中查到的，这些文字的古义失传已久，在文献里没有例证。在这样的情形下，只能依靠例句的对比和上下文义的推求了。比如我们曾提出，甲骨文有时用"𢀖""执"字作为疑问句的语末助词。如果我们的看法不差，"𢀖""执"字的这种用法在文献中就难于找到。当然这种推定必须十分小心，要有充分的证据，否则会成为不根之谈。

于省吾先生在《甲骨文字释林》的自序中说："古文字是客观存在的,有形可识,有音可读,有义可寻。其形、音、义之间是相互联系的。而且,任何古文字都不是孤立存在的。我们研究古文字,既应注意每一字本身的形、音、义三方面的相互关系,又应注意每一个字和同时代其他字的横的关系,以及它们在不同时代的发生、发展和变化的纵的关系。"正因为如此,读释古文字是一项非常艰难的工作,不可草率从事。想撇开形、音、义的客观规律,以"望文生义"的办法去解释古文字,只能是徒劳无功的。

3

三

文字起源之谜

文字的起源是大家都感兴趣的问题，从学术上看也有特殊的重要性。一般认为文字的出现是社会进入文明的主要标志之一。美国学者摩尔根在1877年出版的《古代社会》一书中，提出文明社会"始于标音字母的发明和文字的使用"，这个说法得到恩格斯《家庭、私有制和国家的起源》的肯定。因此，对中国文字起源的探讨，直接关系到我国古代文明何时开端这样的重大课题。

　　古书里面有不少与文字起源有关的记载。《周易》的《系辞传》说：

　　　　上古结绳而治，后世圣人易之以书契，百官以治，万民以察。

结绳是一种原始的记事方法，有大事就在绳上结大结，有小事就在绳上结小结。这种方法在我国一些少数民族中都曾使用。如广西的瑶族遇到双方说理，各用一绳，说出一个道理打一个结，谁的结多便能取胜。西藏的僜人邀集宴会，向亲友送绳，以绳上的结数表示宴会在几天后举行。有的少数民族的结绳比较复杂，也用绳结的大小来区别所代表的不同事物。古人的结绳，和少数民族用过的方法应该是类似的，后来才被"书契"即文字代替了。

关于文字出现的时代，最流行的是仓颉造字的传说。这一传说见于《荀子》《吕氏春秋》《韩非子》《世本》等书，可见其在战国晚期已经广泛流传。《尚书正义》引战国时的慎子说仓颉在庖牺氏之前，但多数文献都讲他是黄帝的史官。许慎的《说文》序把《系辞传》的说法和仓颉的传说结合在一起，说：

> 及神农氏结绳为治而统其事，庶业其繁，饰伪萌生。黄帝之史仓颉见鸟兽蹄迒之迹，知分理之可相别异也，初造书契，百工以乂，万品以察。

此后，黄帝时仓颉根据鸟兽足迹造字的故事愈传愈广，直到近代。黄帝的时代，按文献记载估计，大约在公元前两千六七百年。

　　仓颉造字的传说，古时也有人不赞成，到近代怀疑者更多。例如清末四川的今文经学家廖平，晚年写了一本《经学六变记》，主张后来的汉字实际是孔子亲手制定的。今文经学喜欢神化孔子，所以把造字的功绩也归到孔子名下去了。《经学六变记》刊本流传不广，其论点没有什么影响。现代影响最大的一种看法，是以殷墟甲骨文为中国最早的文字。殷墟的甲骨文年代最古的不超过公元前一千三百年左右，这比黄帝、仓颉要晚一千两三百年。

　　甲骨文绝不是中国最早的文字。我们以后还会谈到，甲骨文所代表的商代晚期文字，已经是相当发展、相当成熟的文字系统。这里只讲一下字数。甲骨文究竟发现了多少不同的字，目前尚难精确统计，暂以现有的甲骨文字典来估计，已发现的字数超过五千。必须注意到，我们现在能见的甲骨，不过是当时全部甲骨的一小部分，还有许多迄今埋藏地下，没有被发掘出来，另外一定又有许多当时已毁弃了。即使能看到全部甲骨，由于甲骨本身的性质限制，当时使用的文字也不会统统在甲骨上出现。所以，商代晚期文字的数量，肯定大大超过五千之数。要知道，东汉的《说文》所收字数是九千多个，今天我们常用的汉字仍不过六千左右。由此可见，把甲骨文看成中国最早的文字，无疑是不妥当的。

比殷墟甲骨文年代更古而与文字起源有关的考古材料，主要是陶器上面的符号。

从新石器时代起，我国境内某些种文化的陶器上便有符号（图19）出现。有的符号是刻划的，有的符号则是用毛笔一类工具绘写的。就数量而言，刻划的数量比绘写的要多。陶器的符号有一定传统，一直到东周、秦、汉还存在的陶文，是新石器时代以来陶器符号的后身。

新石器时代的陶器符号，在20世纪30年代初已有发现。那时在山东章丘城子崖进行发掘，在龙山文化陶片

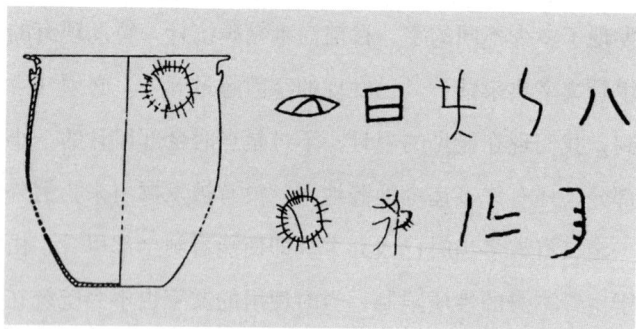

图19　河南舞阳贾湖遗址出土的距今约八千年前陶器上的刻画符号

上发现了一些符号。这些符号比较简单，数目又少，没有得到很大注意。新中国建立后在西安半坡发掘，1963年出版了报告《西安半坡》，发表该遗址所出仰韶文化陶器符号一百多例。仰韶文化比龙山文化更早，符号更多，有些"刻划较繁"，容易和文字联系起来，于是很快引起古文字学界的重视。

半坡这种仰韶文化陶器符号（图20），在陕西长安、临潼、邻阳、铜川、宝鸡和甘肃秦安等地也有发现，有一些共同的特点。符号基本上只见于一种彩陶钵，一般刻在钵口外面黑色的边缘上。每个钵刻一个符号，极少数是两个符号刻在一起。这里我们举出西安半坡（图21）和临潼姜寨发现的几种陶器符号，像不像文字，读者无

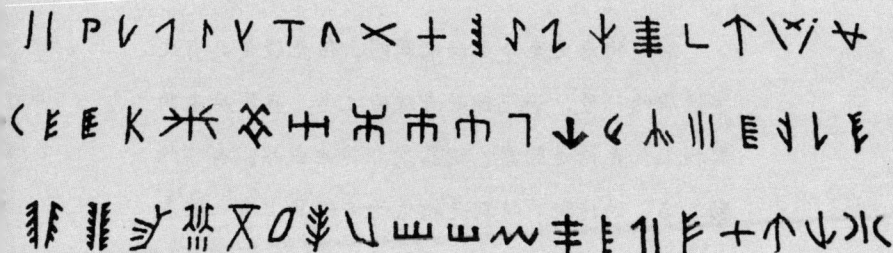

图20 仰韶文化遗址出土的刻画符号

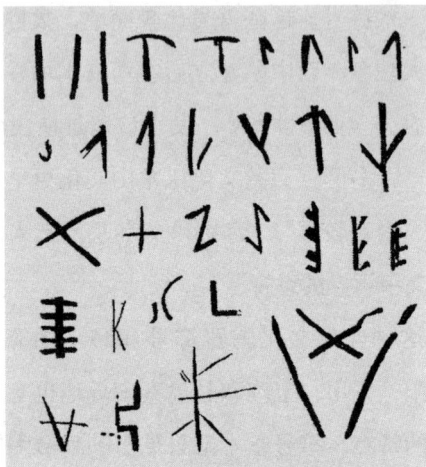

图 21　半坡遗址陶器上的刻画符号

妨自做判断。

郭沫若同志讨论过半坡的刻划符号，他认为：

刻划的意义至今虽尚未阐明，但无疑是具有文字性质的符号，如花押或者族徽之类。我国后来的器物上，无论是陶器、铜器或者其他成品，有"物勒工名"的传统。特别是殷代的青铜器上有一些表示族徽的刻划文字，和这些符号极相类似。由后以例前，也就如由黄河下游以溯源于星宿海，彩陶上的那些刻划记号，可以肯定地说就是中国文字的起源，或者中国原始文字的孑遗。

郭沫若同志称半坡陶器上的刻划为"具有文字性质的符号"，这是谨慎的科学态度。

半坡的陶器符号是由刻划的几何线条构成的，其中一些比较简单的，如积画的可释为数字"一""二""三"，叉形的可释为数字"五""七"，但这种情形也可能只是巧合。凡对简单的几何线条形符号用后世的文字去比附，总是有些危险，不能得到令人信服的结论。

仰韶文化陶器符号也有少数结构复杂的，例如在临潼姜寨出土的陶器上有一个符号 (图22)，系由五个相联的"∧"形构成。这样的符号很难说是随意刻划，应当说与文字比较接近。有学者认为它和商代甲骨文的"岳"字相似，这是不无可能的。

图22　姜寨出土的陶器上的符号

在青海省乐都柳湾发现了甘肃仰韶文化马厂类型陶器符号，这种文化类型的年代比仰韶文化半坡类型晚。符号只见于一种彩陶壶（图23），是用毛笔一类工具绘写的，据统计有五十多种。符号的形体和半坡的那种差不多，个别也有结构较为复杂的。

年代更晚的龙山文化陶器，也发现有刻划符号。除前面提到的山东章丘城子崖外，其他一些地方先后均有发现。河南登封王城岗最近出土的两例，笔画比较繁复，其年代已近于文献记载中的虞、夏。

现在一部分学者主张是夏文化的二里头文化，是以河南省偃师二里头遗址命名的。二里头发现有不少陶器刻画符号（图24），都在一种大口尊的口沿里面，其形体已很像甲骨文。在郑州发现了比殷墟年代更早的商代陶器符号，也刻在大口尊的口沿内。在河北省藁城台西和磁县下七垣出土的陶器刻划符号，有的比殷墟早，有的和殷墟时期相当，绝大部分是和甲骨文同样的文字，如台西发现的"刀""止""臣"等字，都很容易辨识。殷墟所出的陶器上，每每有和台西、下七垣相仿的刻划，这些已经是严格意义上的文字了。

上述从仰韶文化到商代的陶器符号，已经构成了一

图23 甘肃仰韶文化马厂类型彩陶壶

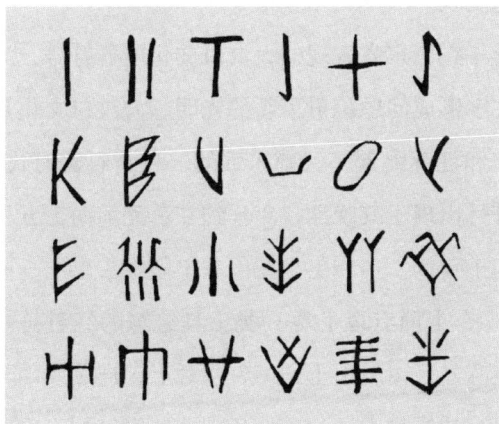

图24 河南二里头夏代文化遗址出土的刻画符号

个发展序列，有着由简单而复杂的演变过程。

有些少数民族过去也使用过刻划符号，虽然不是在陶器上，但符号的形体颇与仰韶、龙山的陶器符号近似。居住在云南、四川的普米族的刻画符号（图25），被学者划分为占有符号、方位符号、数字符号三类。有的符号已有较固定的形体，如以日形表示东方，和汉字的"東""从日在木中"取意一致。普米族的符号可以说是有形有义而没有音，如将其形统一确定，再与一定的音结合，就形成了真正的文字。古代文字的产生过程可能就是这样，而陶器符号的发展就是这一过程的反映。

近年在山东省发现的大汶口文化陶器符号，为探索中国文字形成问题投射了新的光明。大汶口文化是分布在山东和江苏北部、河南东部的一种新石器时代文化，陶器符号出现于其晚期，年代约在公元前两千五百到公元前两千年间。1959年，在山东宁阳堡头出土一件陶背壶（图26），上面有以毛笔一类工具绘写的红色符号。随后，在莒县、诸城出土的一种陶尊上，连续发现刻划的符号，有的符号上还涂着红色。这些符号刻在陶尊表面极显著的位置，形体接近商代的青铜器铭文，多数古文

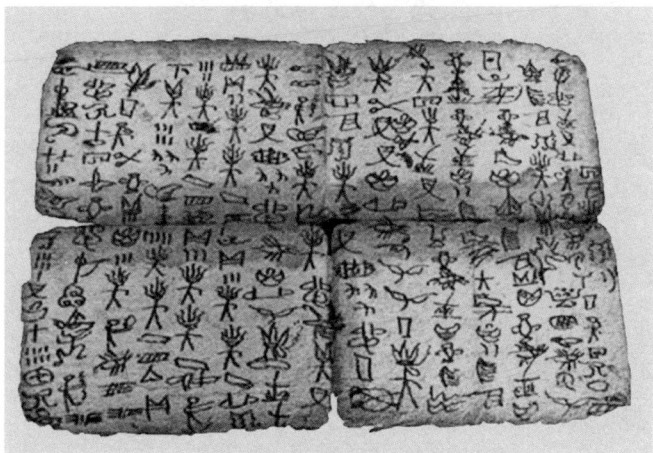

图 25 普米族的刻画符号

图26 宁阳出土的彩绘陶背壶

字学者认为是文字。这种符号迄今发现的不同形体，已逾十种，如下所示四种（图27）：

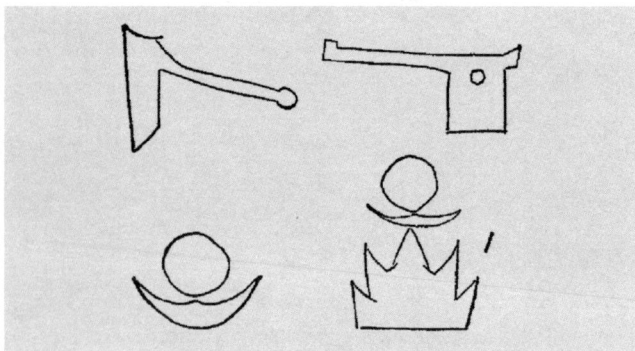

图27 大汶口文化时期陶器上的刻画符号

自左到右可分别释为：

斤　戌　炅　炅山

这里面"炅"和"炅山"最有意思，在不同的地点出现了好几次。"炅"字音 jiǒng，见于《说文》，义为日光，同时在某些文献中用作"热"字的另一写法。更有趣的是，在新中国建立前流落到海外的几件玉器上，也有刻划的"炅"字。

这些玉器中有一件臂圈、三件璧。玉臂圈的样子和吴县（今江苏苏州吴中区）草鞋山出土的差不多，圈面有两处刻划符号，其中之一就是同大汶口文化陶尊类似的"炅"，刻在臂圈外表偏上的地方。另有一符号，目前尚无法读释。

另外三件璧都很厚大，璧面同样位置各有一处符号(图28)。这三种符号都是复合的，不难看出其一的下部还是个"炅"字，为了突出，笔画中用线条和花纹填实了。作为"炅"字衬底的，是鸟立于山上的形状，像山的部分有五个峰顶，和大汶口文化陶尊的"山"字相仿。鸟在山上，可释为"岛"字。其余两件璧的符号也

图28 良渚文化时期的玉璧符号

包括"岛"字在内。

这些玉器属于良渚文化。良渚文化从年代来说，和大汶口文化的中期后半及晚期并存，分布地区则在江苏中部到浙江一带，与大汶口文化相邻接。在两种文化的器物上都发现了"炅"字，有形体共同的符号，说明当时可能已有传播较广的文字，为文化性质不同的地区人民所采用。

以上所说，在很大程度上只是猜测。我们相信，随着考古工作的迅速开展，关于文字起源问题的材料会不断增多，解决这一重要问题的时间已经相距不远了。

四

甲骨学基础知识

我国古代流行过一种习俗，用龟甲或者兽骨（主要是牛的肩胛骨）加以烧灼（图29），观察所形成裂痕的形状，认为可以判断吉凶。所用的龟甲、兽骨埋藏在遗址中，发掘出来就是考古学上说的甲骨。根据现有考古材料，甲骨占卜在新石器时代晚期已经出现了，至商代

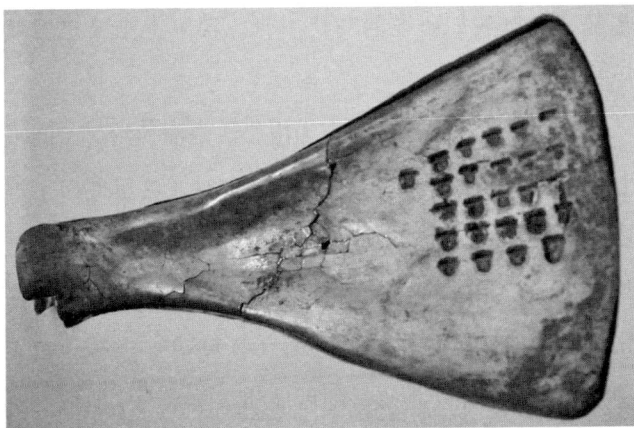

图29　殷墟出土带有灼痕的卜骨

而大盛，商亡以后延续未绝，在某些少数民族甚至保存到现代。古书中有不少记述这种卜法的，传世专书较早的有《玉灵照胆经》等，可能是唐代作品。清人胡煦有《卜法详考》，附于他的《周易函书约存》，征引了许多材料。

商代的甲骨常刻有文字，绝大多数都与占卜有关，称为卜辞。由于当时人笃信占卜，事无大小都求决于卜法，所以卜辞的内容非常丰富，在不同程度上反映了社会的各方面，因而有重要的史料价值。迄今为止，有字甲骨只在两处商代遗址发现，一处是河南安阳的殷墟，另一处是郑州。郑州只找到两片带字的骨，均为采集品，所以我们研究的商代甲骨，实际上主要是殷墟甲骨。

殷墟以洹水南岸的小屯为中心，是面积约二十四平方公里的大型遗址（图30）。早在北宋时，这里便出土过商代带铭文的青铜器，见于记载。有字甲骨的发现，是1899年，在北京的著名金石学家王懿荣对甲骨做了鉴定，这种珍贵文物才为世所知。到1908年，罗振玉首先弄清楚甲骨的出土地点，随后他和王国维考定殷墟是商朝晚期的旧都。甲骨的发现以及殷墟性质的推定，最后

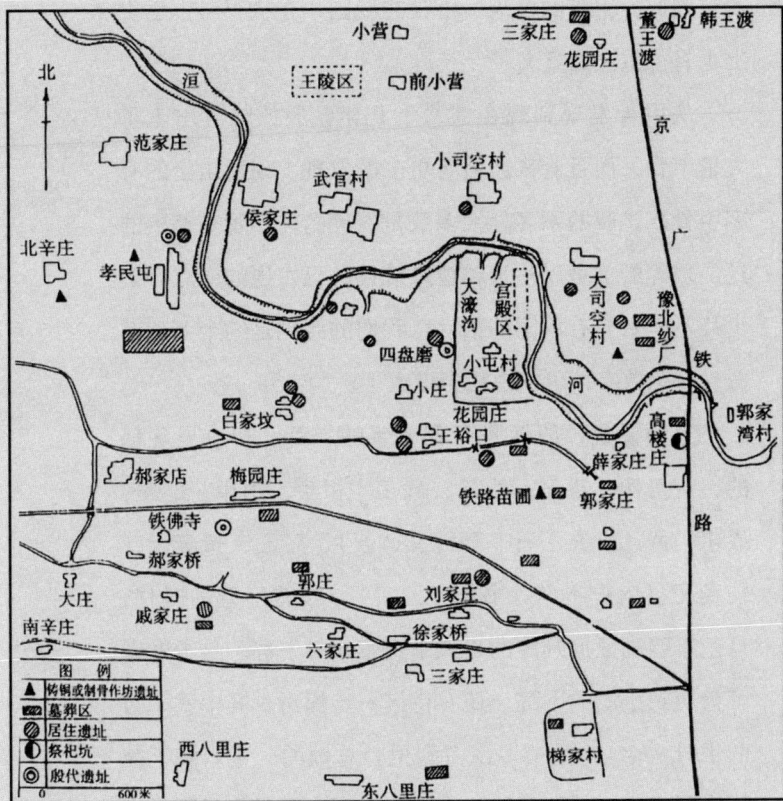

图30　殷墟商代遗址平面分布示意图

图例中文字：

- 北
- 小营　三家庄　董王渡　韩王渡
- 王陵区　前小营　花园庄　王渡
- 范家庄
- 小司空村　京
- 武官村
- 侯家庄
- 北辛庄
- 孝民屯　大司空村　广
- 大濠沟　宫殿区　豫北纱厂
- 四盘磨　小屯村　铁
- 小庄　河
- 白家坟　花园庄
- 郝家店　王裕口　高楼庄　郭家湾村
- 梅园庄　薛家庄
- 铁佛寺　铁路苗圃　郭家庄
- 郝家桥
- 大庄　郭庄　刘家庄
- 南辛庄　戚家庄
- 六家庄　徐家桥
- 三家庄
- 图例
  - ▲ 铸铜或制骨作坊遗址
  - ▨ 墓葬区
  - ◪ 居住遗址
  - ◐ 祭祀坑
  - ◉ 殷代遗址
- 西八里庄　梯家村
- 0　600米
- 东八里庄

导致1928年开始的殷墟发掘，这是中国现代考古学的肇端。因此，甲骨的发现，不仅在我国，在世界考古学史上也有很重大的意义。

从甲骨发现到现在共八十几年，殷墟陆续出土了大量甲骨，而且看来还会有更多的发现。现已出土的有字甲骨，整版的不多，大多数是残碎的。不管是整版的还是残碎的，可以片为单位来统计。已发现的究竟有多少片，学术界有不同的估计，我们的意见是约十万片左右。这个数字，可以说相当庞大了。

上面说过，殷墟是商朝晚年的首都。在这里建都的，有盘庚、小辛、小乙、武丁、祖庚、祖甲、廪辛、康丁、武乙、文丁（卜辞称文武丁）、帝乙、帝辛十二位商王（依古本《竹书纪年》说）。殷墟甲骨的时代，目前有明确证据判定的是武丁到帝辛的卜辞。是否发现了盘庚到小乙的卜辞，还有待进一步探索。其中武丁时的甲骨（图31）为数最多，占到甲骨总数的一半。武丁被称为殷高宗，在位长达五十九年，国力强盛，战国时还有学者称颂他是"天下之盛君"。属于他的时期的甲骨最多，是很自然的事。

大家一提到商代文字，就想到甲骨文，但是"商代

图31 商王武丁时期"虹"刻辞牛骨

文字"和"甲骨文"这两个概念是不一致的。甲骨文虽然是最主要的一种商代文字材料，可是当时的文字现在能看到的还有青铜器（图32）、陶器、石器、玉器等上面的铭文，所以不能用"甲骨文"一词来概括所有的商代文字。实际上，甲骨上的字在那时是比较特殊的，因为甲骨的字是用一种锋利的工具锲刻而成，而商代人们日常书写应该是用毛笔。今天我们在一些甲骨和器物上还

图32 商代晚期宰甫卣铭拓片

能看见用毛笔书写的文字，其笔画比较丰肥，风格和刻成的甲骨文有所不同。同时甲骨文是卜辞，只能涉及需要占卜的事项有关的字，所以也不能认为甲骨文已经包括当时人们使用的所有的字。

甲骨文是成熟的文字，不仅表现于字的个数之多，也表现在字的结构的复杂。甲骨文并不都是象形字，而且象形在其间的比例实不很大。古人所说的"六书"：象形、会意、形声、指事、转注、假借，在甲骨文中都可找到实例。即以象形字论，甲骨文的字也远不是原始的，如藁城台西陶文的"止"字（"趾"的初文）明显地像足趾形，有五个脚趾头，甲骨文的"止"字则简化为↓，只剩了三个脚趾。甲骨文的"人"字作↶，仅有侧影；"鱼"字头向上，失去了自然的体态，这些都表明它们经历了较长的演变过程。

古代文字常由象形转化为形声，这可以说是一条规律。甲骨文里形声字相当多，而且在武丁时业已大量存在，也是文字比较成熟的一条证据。

有些同志学甲骨文费了不少时间，可是还不能掌握怎样读甲骨上的辞句。原因是他们不知道甲骨文绝大多数是卜辞，要通读卜辞，必须了解卜法的程序（图33）。

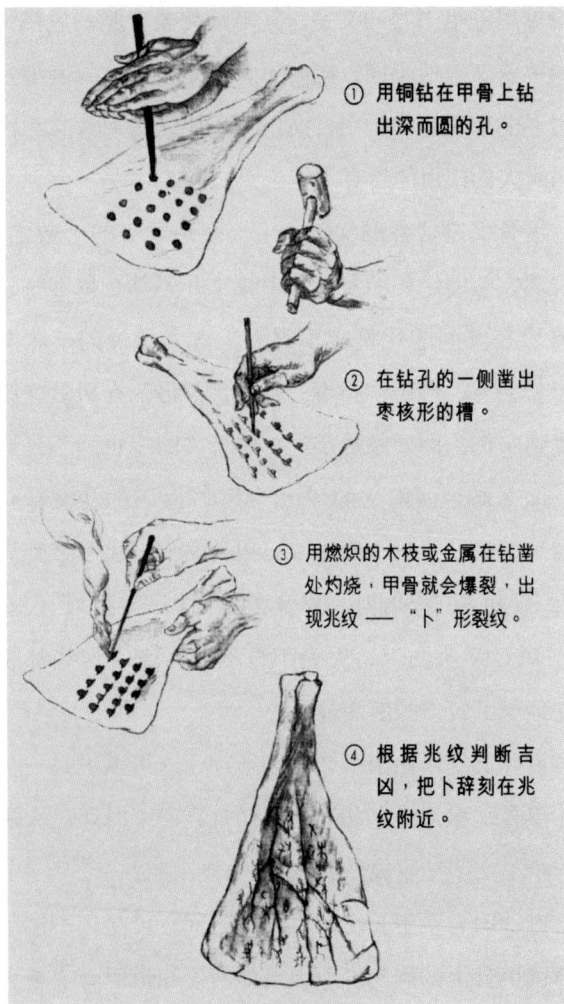

① 用铜钻在甲骨上钻出深而圆的孔。

② 在钻孔的一侧凿出枣核形的槽。

③ 用燃炽的木枝或金属在钻凿处灼烧,甲骨就会爆裂,出现兆纹 ——"卜"形裂纹。

④ 根据兆纹判断吉凶,把卜辞刻在兆纹附近。

图 33　甲骨占卜方法示例

殷墟甲骨的质料，有龟腹甲（图34）、龟背甲、牛（少数为羊、猪）胛骨三种（图35）。甲骨都是从各地采集或贡纳到首都来的，要经过一定的修治。特别是背甲，要中剖为左右两半，个别还有削成鞋底形的。加工修治好的甲骨，有固定的形状。学习甲骨文的读者应记住几种甲骨的轮廓，甲版上纹理的位置，以便辨识碎片原来的部位。

修治过的甲骨，在背面用锋刃器挖出圆形的钻和梭形的凿（图36），有些圆钻是用钻子钻成的。胛骨扇部的正面（图37），有时也有钻凿。这时，准备工作完成，甲骨可以用来占卜了。

上述的过程，包括甲骨的来源、修治甲骨的人员以及修治后交付哪一卜人保管，都要记录在甲骨上面。为了不妨碍占卜，一般是刻在不用于占卜的部位，如胛骨的骨臼或背面外缘、腹甲甲桥背面或尾甲正面一角、背甲顶端或背面内缘等处。这部分刻辞，我们称之为署辞。

占卜时，卜者用火烧灼已制好的钻，使甲骨坼裂成"卜"字形的裂痕，名为"兆"。兆的情况和次第，刻记在兆的旁边，我们称之为兆辞。表示次第的兆辞，也称

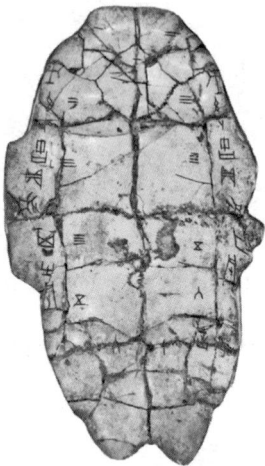

图 34 殷墟占卜用的龟腹甲

图 35 殷墟占卜用的牛胛骨

图 36 商代的甲骨卜骨背面

图 37 商代的甲骨卜骨正面

为兆序。

占卜的时日，卜者的名字，所问的问题，都刻在有关的兆的附近。关于卜问时间，有时还有地点的部分，称为前辞。问题本身，称为贞辞。得兆后，应对照占书，做出吉凶祸福的判断，称为占辞。最后把占卜后是否应验的情况也记录下来，称为验辞。

以上署辞、兆辞、前辞、贞辞、占辞、验辞，构成甲骨卜辞的整体（图38）。不过并不是每版甲骨的卜辞都能够具备这六个部分，更多的实例是比较简化的。

下面以《殷墟文字乙编》7126腹甲为例（图39），按上述试加分析：

背面右甲桥"兴入五十"是关于腹甲来源的记录，甲系兴所贡纳，共五十版，此为其中之一。左甲桥"妇杞示十，争"，是关于腹甲修治保管的记录，由妇杞主管修治，共十版，交卜人争收掌，以备卜用。以上为署辞。

正面左右对贞，右侧七兆，兆辞为"〔一〕，二、小告，三，四、不许黾，五,六、二告，七"。左侧六兆，兆辞为"〔一〕，二,三,四,五,六、不许黾"。

与右侧兆关联的是从正面问的卜辞，与左侧兆关联

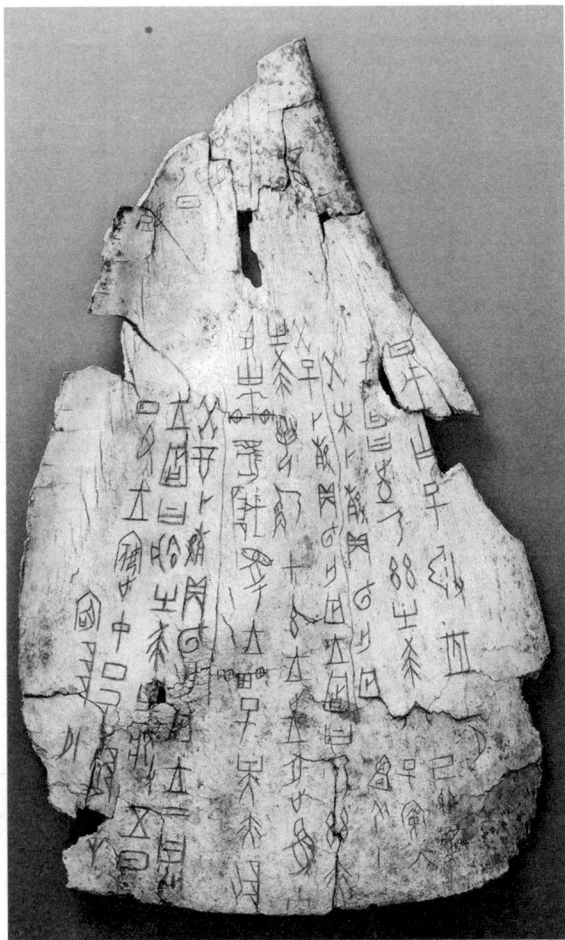

图38 有署辞、兆辞、前辞、贞辞、占辞、验辞的商代甲骨文

的是从反面问的卜辞。一正一反对问，是这一时期卜辞的常例。此版一对卜辞是：

戊戌卜，永贞，今日其夕风？贞，今日不夕风？

"戊戌"，是纪日的干支，"戊戌卜"即在戊戌这一天占卜。"永"，执行占卜的卜人名。"贞"，意思是"问"。"戊戌卜永贞"，是前辞。反问则从简略，只用一个"贞"字。

"今日其夕风"，是贞辞，意思是：今天在晚上起风么？反问"今日不夕风"，意思是：今天不在晚上起风么？两问一正一反。

这一版没有占辞和验辞。

另举一条有占辞、验辞的例子，这是《殷墟文字乙编》6664腹甲（图40）：

丙申卜㲋贞，来乙巳酚下乙？王固曰："酚，惟有祟，其有设。"乙巳酚，明雨，伐既雨，咸伐亦雨，施、卯鸟星（晴）。乙巳夕有设于西。

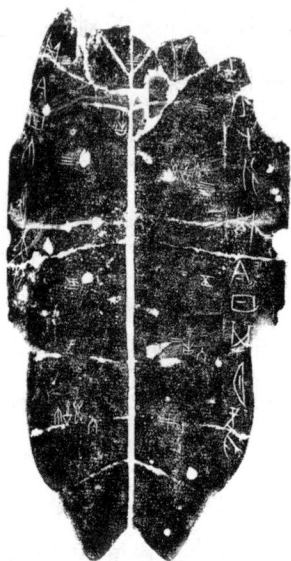

图 39 《殷墟文字乙编》7126腹甲

图 40 《殷墟文字乙编》6664腹甲

"丙申卜㱿贞"是前辞,"来乙巳酚下乙"是贞辞。"王固曰"以下是占辞,"乙巳酚"以下则是验辞。整条卜辞大意是:丙申这一天由卜人㱿卜问,乙巳是否酚祭祖先下乙(即商王祖乙)。王(武丁)做出判断说,此次酚祭将有灾祟,而且有设(有学者以为是霓)。到乙巳这一天举行酚祭,天亮开始下雨,行人祭时雨停,人祭结束又落雨,到陈列祭品和杀鸟仪式时天才放晴,当晚又有"设"在西方出现。占辞、验辞的体例大致如此。

按照古本《竹书纪年》,从盘庚在现在殷墟地方建都,到帝辛灭亡,共有二百七十三年。这两个多世纪的时间里,甲骨的形制和文字自然有不少变化,需要分期。1933年,董作宾作《甲骨文断代研究例》,提出把殷墟甲骨划为五期,即:

盘庚至武丁　第一期

祖庚、祖甲　第二期

廪辛、康丁　第三期

武乙、文丁　第四期

帝乙、帝辛　第五期

五期分法以当时考古成果为依据，所以为学术界接受，沿用至今。董氏的分期，现在看起来有一些缺点，近年有学者主张以更合考古学原则的分组法来代替，尚未得到普遍采用，这里就不详细介绍了。读者如有兴趣，可参考本书第十二节推荐的有关论著。

1940年在上海出版的《学术》第一辑，发表了何天行的一篇短文，题目叫作《陕西曾发现甲骨文之推测》。他根据古书的一些记载，推想在陕西可能发现周代的有字甲骨。这本刊物流传不广，何氏的意见没有引起人们的注意。到50年代，果然发现了西周甲骨，何氏的预言竟得到实现。

有字的西周甲骨，1954年在山西洪洞县坊堆首次发现。到现在，西周甲骨文已先后在四个地方出土过，除坊堆外，有北京昌平县（今昌平区）的白浮，陕西长安县（今西安市长安区）的沣镐遗址和扶风、岐山两县间的周原遗址（图41）。周原所出数量最多，岐山县凤

图41　岐山出土的西周甲骨文

雏一地就发现甲骨一万多片，其中有字的近三百片。西
周甲骨文的发现，使甲骨学的研究范围扩大了。

西周甲骨有不少和商代甲骨不一样的特点，如胛骨
上多作圆钻，龟甲上的凿则是方形的。《周礼·卜师》说
周的卜甲有"方兆"，正是指这种方形的凿而言。在陕
西、河南等地还出过一些没刻字的西周卜甲，上面的凿
也是方的，一看就知道和商代的不同。

周原的甲骨文不是一个时代的，初步研究，最早的
属于周文王时，晚的可能到周昭王、穆王的时候。别的
地点的西周甲骨，有的年代更晚。大家知道，周文王是
商朝的诸侯，当时商的末一代王帝辛（纣）在位，所以
文王时的卜辞就是商末的卜
辞。事实上，在周原发现的
几片文王时卜甲，虽然形制
和殷墟所出有所区别，卜辞
的文例却是相近的。

举凤雏出土的一片为例
（图42）：

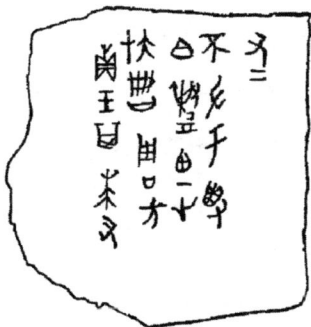

图42 凤雏出土的腹甲卜辞

贞，王其秦侑大甲，冊周

方伯，蔑，囟（斯）正？不左于受有祐？

这条辞中的"王"指商王帝辛，大甲是商的先王，"周方伯"即当时任西伯的周文王。卜辞是说商王祭祀大甲，以西伯的事上告，用黍稷之类奉献，能够得到福祐，所用词语和殷墟最晚的卜辞是很近似的。由此可见，商周甲骨在卜法上虽非同一系统，彼此仍有影响。

西周甲骨有些片上刻有一串数字，数字以六个成为一组，如长安张家坡的一块胛骨上有"六八一一五一"。类似数字在青铜器、陶器等上面也出现过，包括由一到十，都是"卦"的原始形式。原来当时人占卜的方法，在用甲骨的卜法以外，还有用蓍草的筮法，"卦"便是筮法的记录。古人占问大事，常先筮后卜，这时会把筮得的"卦"记在占问同一事项的卜用甲骨上，以便对照参考，于是在甲骨上面保存了筮法所用的数字符号。

西周甲骨文是新发现，有些问题现在尚不清楚，有待于深入探究。

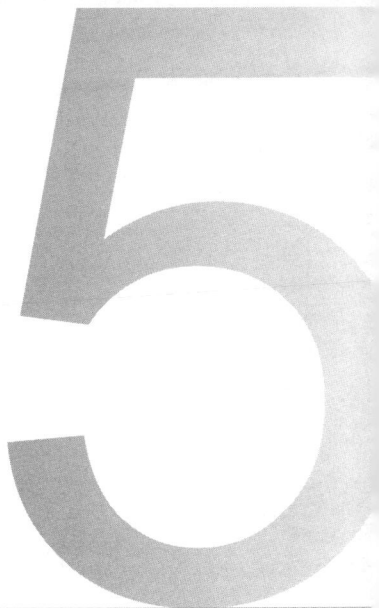

五

金文的形形色色（上）

西汉的皇帝崇尚方术，迷信所谓祥瑞。青铜器的出土，有时被认为祥瑞的一种。汉武帝时在汾阴掘获铜鼎，鼎大异于众鼎，文镂无款识。一班阿谀取宠的臣子大加鼓吹，形容作"天祚有德"的祥瑞。武帝以鼎荐于宗庙，还特作了《景星歌》，列为《郊祀歌》十九章之一。从现代的考古知识看，武帝时发现的其实是一件春秋时期的晋鼎。

到西汉晚期宣帝的时候，在美阳又发现铜鼎，上献到朝廷。许多朝臣主张援武帝的旧例，以鼎荐见于宗庙，只有京兆尹张敞反对。张敞通习古文字，他对鼎上的铭文作了考释，指出鼎是周朝一个叫尸臣的大臣受到王的赏赐，"大臣子孙刻铭其先功，藏之于宫庙"，不宜荐于宗庙。他列举的理由确凿有力，揭穿了以得鼎为祥瑞的谬说，荐鼎的计划不得不中止。张敞是史书记载中最早读释金文的学者。从那时以后，金文的考释研究历代不绝，至北宋更为盛行。

金文是青铜器上的铭识，所以研究金文必须对青铜器本身有基本的知识。

铜是古人最早发现和使用的金属之一。人们一开始是利用在自然界小量存在的天然铜，然后发明从矿石冶炼出铜的技术。首先用的是未有意掺入其他金属的纯铜，通称红铜。经过长时期实践，才知道在铜中加入一定比例的锡能提高硬度、降低熔点，这种含锡的铜基合金就是这里说的青铜。近年甘肃东乡县出土的一柄青铜刀（图43），年代约当公元前三千年，可见青铜器在我国有久远的历史。

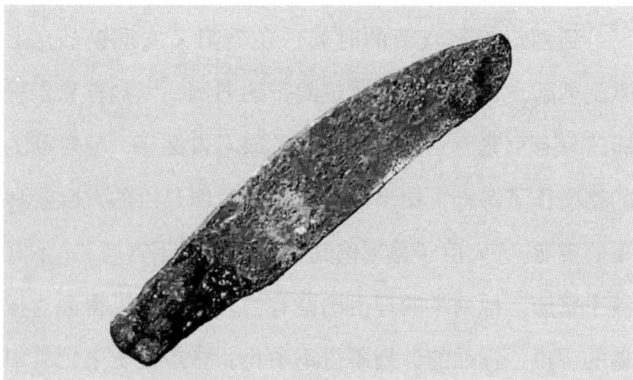

图43 东乡出土的青铜刀

中国古代青铜冶铸业异常发达，青铜器种类繁多（图44、图45）。学习金文，应当记住各种器物的名称。大致说来，古代青铜器有下面十类：

（一）烹炊器：鼎、鬲（lì）、甗（yǎn）等。

（二）设食器：簋、盨（xǔ）、簠（fǔ）、敦（duì）、盂、豆等。

（三）酒器：尊、卣（yǒu）、方彝、罍、瓿（bù）、壶、觚、爵、觯（zhì）、角、斝（jiǎ）、觥（gōng）、盉（hé）等。

（四）水器：盘、匜（yí）、缶、鉴等。

（五）乐器：钟、镈、铙、鼓、錞（chún）于等。

（六）兵器：戈、戟、矛、铍（pī）、剑、刀、殳（shū）、钺、镞、盾饰、胄等。

（七）车马器：銮、軎（wèi）、镳、衔、当卢、马冠等。

（八）工具：斧、锛、凿、削、锯、铲、臿（chā）、镢、镰、锸等。

（九）度量衡：尺、量、权、衡杆等。

（十）杂器：镜、带钩、灯、建筑饰件、棺椁饰件等。

图44　夏代乳钉纹爵

图45 夏代网格纹鼎

青铜器的研究除注意铭文外，必须兼顾器物形制、纹饰、组合、工艺以及出土情况等，考虑才能全面。

金文从北宋时起即有专书著录。现在我们能看到的材料，以原物和著录合计，数已逾万。仅以新中国建立以来正式发表的有铭青铜器而论，也有一千多件。其中不少是长篇巨制，前人以之与《尚书》相比，有很宝贵的价值。不过，解放以前流传的器物，由于当时的历史情况，有不少伪器混杂其间，需要细心鉴别。青铜器价格很高，有的伪器做得相当巧妙，不容易识破，事实上一些著名收藏家也受过欺骗，各种著录常不免收入赝鼎。对于现在只存在拓本或者摹本，没有原器可资观察的器物，更应注意辨别真假。

最有名的一件伪器，是所谓晋侯盘。这件盘伪造的时间较早，1870年由北京一处王府流到英国。英人蒲舍尔把它著录在他编写的《中国美术》第一卷中，因而在外国称为蒲舍尔氏盘。这件盘形制很大，直径三十三又四分之一英寸，高十又四分之一英寸，腹外有嵌金银的饕餮纹，内底有五百五十个字的长篇铭文。如果盘是真的，这就是所有金文中最长的一篇了。可惜连盘带字完全是假造的，国内外都有学者做过正确的鉴定。这件著名伪器，收藏的博物馆早已不陈列了，其实从研究伪作青铜器的历史来说，它还是很有价值的。

晋侯盘字、器皆伪，比较容易鉴定。有些伪器是用真的残片拼合，或在真器上加做假字，或把短的真铭加长，狡狯的手法很多。近年出土的青铜器，个别也有伪造的。前几年曾看到南方出土的一整坑青铜器，全都是元代仿造的假古董。最近又见到一柄出土的剑，仔细观察，确定器真而铭假，估计是古董商埋藏地下借以做锈的。所以即使是出于地下，也不能一概信以为真。

青铜器上出现铭文，现有最早的例子属于商代前期。这个时期的器物大都是薄胎的，花纹多为带状，没有衬地的纹饰。鼎、鬲等的足是锥形的，爵、斝是平底。已经发现的铭文只有很少几件，而且都限于两三字。

商代晚期的青铜器，器胎变厚，花纹日趋繁缛，器种也显著增多了。铭文一般仍很简短，有的只记器主的族氏或名字，如"戈""亚羌""妇好""子妥"，有的记所祭祀先人的称号，如"祖甲""父乙""后母戊"（图46）。复杂一点的兼记上述两者，如"咸，父乙"，"咸"是器主族氏，"父乙"是所祭的先人。

这种简短铭文里的族氏的字，每每写得很象形，比

图46 后母戊鼎及铭文拓片

如"象"字很像站立的象，有翘起的长鼻；"鱼"字的鳞鳍，"马"字的尾鬣，都清楚地表现出来。这只是为了把族氏突出出来而写的一种"美术字"，并不是原始的象形文字，也不能作为文字画来理解。

还应该说明，这种简短形式的铭文不是商代特有的。过去罗振玉的《殷文存》、王辰的《续殷文存》中，都以此为商器的标准，这是不妥当的。现在看来，这种形式的铭文在西周前期还很流行，甚至到春秋初年还有个别的例子。

商代晚期也有比较长的铭文，但未超过五十字，其字体、文例都接近甲骨文。以故宫博物院收藏的四祀卯（bì）其卣为例，卣上有三处铭文，盖和内底均有"亚獏，父丁"，"亚獏"是器主族氏，"父丁"是所祭先人；另外，在卣底圈足内有铭四十二字（图47），记载商王祭祀文武帝乙和其受王赏赐的事迹。文武帝乙就是帝辛的父亲帝乙，这件卣作于帝辛四年，是珍贵的标准器。

西周前期（周武王到昭王）的器物，各方面都直接继承商代的传统，大多花纹繁丽，制作精美。这时铭文逐渐加长，字的笔画多有显著的"波磔"，气势浑厚。武王时的铭文很少，近年在陕西临潼发现的利簋，记述武王在牧野之战获胜的经过，与《尚书》《逸周书》吻合无间。其他如记周公东征丰伯薄姑的塱方鼎（图48），记分封卫康叔的沫司徒送簋，记昭王南征的"安州六器"等，多可与文献对照，不胜枚举。

西周中期（穆王到夷王）和晚期（厉王到幽王）的青铜器，纹饰渐趋简朴，铭文则更多长篇。迄今发现字数最多的一篇金文，是西周晚期的毛公鼎（图49），有四百九十七字，现在台湾省收藏。西周中晚期属于册命性质的铭文较多，叙述周王对臣属的封赏，对研究官制

图47 四祀邲其卣及卣底铭文

图48 塱方鼎及铭文拓片

图49　毛公鼎铭文拓片

和等级制度很有意义。这一类金文多有固定格式，文字也多规整。同时有关社会经济的材料也比较多，如记土地交易的格伯簋、卫鼎，记土地转让的散氏盘（图50）之类，都十分重要。记载战事的也不少，例如多友鼎、虢季子白盘（图51）、不其簋等记与狁犬的战争，敔生盨、禹鼎（图52）等记与淮夷的战争，无不是宝贵材料。从数量来说，这乃是金文的极盛时期。

西周末年，有些铭文的字体开始有新的变化。虢季子白盘最值得注意，其文字方整，在风格上开后来秦人文字的端绪。古书载，周宣王时有太史籀作《史籀》十五篇，《说文》的籀文即以此得名。现在学者都认为籀文近于秦人文字，所以虢季子白盘的字体有可能就是与《史籀》同样的文字。

作器者多为周朝大臣官吏，是西周青铜器的特点。诸侯国的金文较少，特别是缺乏长篇的。到西周覆亡、周王室东迁以后，朝廷势力衰落，诸侯的器物逐渐增多，从而青铜器的地方性日益加强。有些地方出土的金文，字形诡异，文句也不易索解。总的来说，春秋时期的青铜器以晋、郑、齐、楚等大国的最为重要，其中晋国在字形演变和器形的发展上都较为先进。春秋晚年，

图50 散氏盘及铭文拓片

图 51 虢季子白盘铭文拓片（部分）

图52 禹鼎及铭文拓片

南方的徐、吴、越、楚等国青铜工艺突飞猛进，生产出有很高艺术水平的器物，铭文也规整美观，用韵精严。

春秋中期起，青铜器又盛行繁缛富丽的装饰，嵌错红铜或金银的技巧也流行起来。文字的形体逐渐变长。在北方晋国出现一种特殊字体，笔画头尖腹肥，形似蝌蚪，可能就是汉晋人说的"科斗文"，如河南辉县出土的智君子鉴铭文（图53）。南方则常见笔画细而首末如一的字体，还有一种以鸟形作为附加装饰的，称为鸟书（图54、图55、图56）。与此同时，西方的秦国继承《史籀》的统绪，形成自己另一种字体。这种字体分歧的局面，是那时诸侯分立的政治经济条件所造成的。

战国前期基本上是春秋晚期的继续。1977年在湖北随县擂鼓墩发现的青铜器属于这一时期。出土于擂鼓墩一号大墓的这批青铜器，一共有一百四十件（兵器未计在内）。最重要的是一套有架的编钟，计有钟六十四件，每件上都有关于乐律的铭文。把各件钟的铭文合计在一起，约二千八百字。根据铭文研究，这座墓下葬于公元前433年，死者是曾侯，多数学者认为即文献中的随侯。随国的青铜器是著名的，汉宣帝时曾"为随侯剑、宝玉、宝璧、周康宝鼎立四祠于未央宫中"（《汉书·郊祀志》）。

战国中晚期，青铜器的装饰再趋简朴，崇尚素面的器物，铭文也衰落了。这个时期，除少数重器，

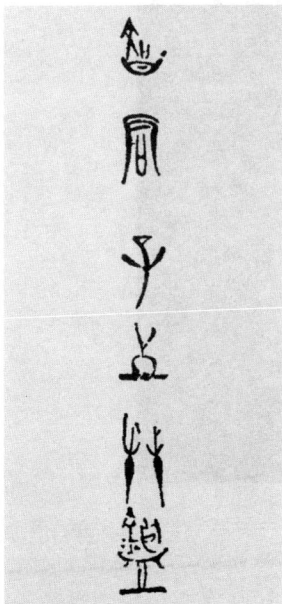

图53　春秋晋国智君子鉴铭文

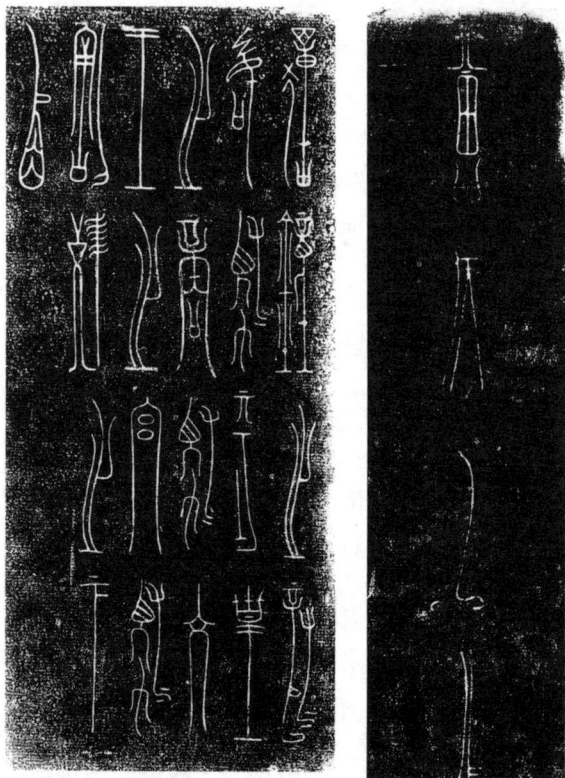

图 54 战国鸟虫篆拓本

图 55　玄翏戈鸟书铭文

图 56　春秋宋公栾戈错金鸟篆体

如河北平山出土的中山王鼎、壶等外，所谓"物勒工名"的格式占了主要地位，只记制器的工匠和督造的官吏，字体也多草率。以前文字大多是铸成的，这时则以刻的为主。西方秦国的字体，和东方六国的"古文"相对立，六国字体彼此也有差别，这些问题在下面还要谈到。不过，列国之间的影响也是很强烈的，到战国末，青铜器的统一倾向已经充分表现出来了。

秦代短暂，留下的金文种数不多，常见的是量、权上秦统一度量衡的诏书（图57、图58）。秦代青铜器是战国晚期秦器的继续，而汉初的器物，包括铭文的字体、格式，又是在秦器的基础上发展的。有的青铜器研究者把范围下延到汉代，对铜镜的研究还可以延长到唐以后。

图57 秦始皇铜权诏

图58 秦始皇、秦二世统一度量衡双诏

6

金文的形形色色（下）

金文的内容多种多样，但最重要而与研究古史有密切关系的，主要是下列各种：

　　首先是关于分封的铭文。如传河南浚县出土的沬司徒逿夨簋（《商周彝器通考》259，图59），铭文开头记载"王来伐商邑，征（诞）令康侯鄙于卫"。"鄙"训为"居"，"鄙于卫"即居于卫。铭文所记与《左传》定公四年讲的周成王封康叔，"命以《康诰》而封于殷墟"，是相应的。

　　另一件记述分封的西周前期青铜器，是1954年在江苏丹徒烟墩山出土的宜侯夨簋（《商周金文录遗》167，见图60）。铭中详记周王赐予宜侯的物品以及授土、授民的数字，对了解当时的"封建"制度很有帮助。

　　很多青铜器是为纪念器主的功绩而制作的，其铭文一般要记载器主在什么事情上有功，因而得到君上的褒赏。能称功邀赏的事项很多，不一定限于战功。

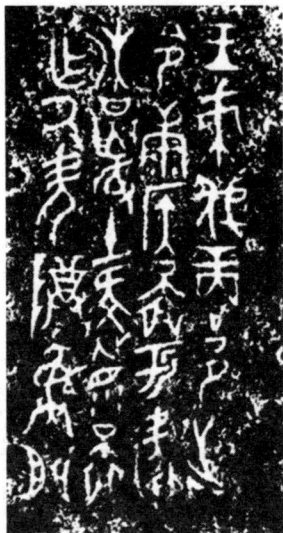

图59　沫司徒逄矢簋及铭文拓片

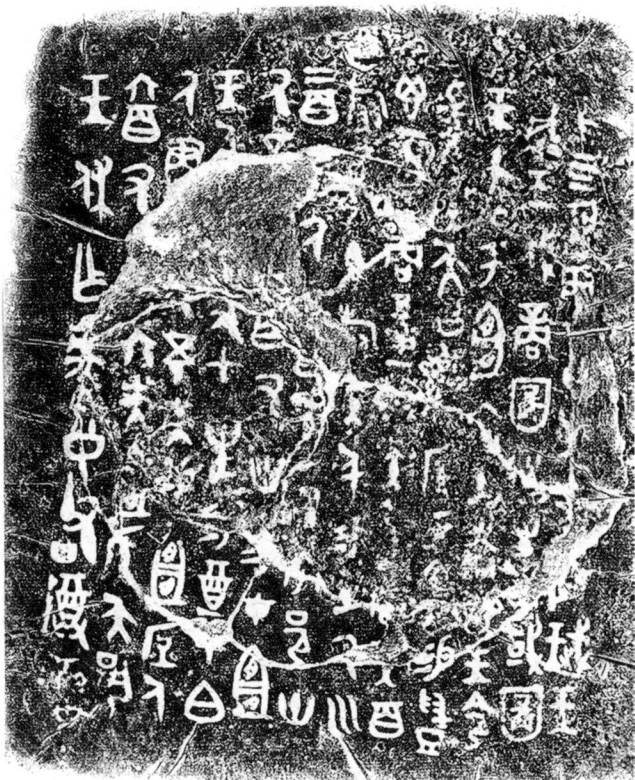

图60 宜侯夨簋铭文拓片

著名的武王时器天亡簋（《商周彝器通考》298），清道光末年与毛公鼎同时出土于陕西岐山。簋铭叙述器主在武王祭祀文王时助祭，得到王的褒奖，因而铸器。类似的由于在王左右执事而得赏赐的事例，还有许多。

器主执事的种类不同，所得的赐予也因事而异。如公姞鼎（《美帝国主义劫掠的我国殷周铜器集录》，128页）铭云：

> 惟十又二月既生霸，子仲渔□池，天君蔑公姞曆，使锡公姞鱼三百，拜稽首，对扬天君休，用作宝鼎。

公姞是一个女子，因有功而得到三百条鱼的赏赐。考虑到当时是周历十二月，即夏历十月，天气已经转寒，鱼是不易获得的珍品。以鱼作为赐品，在金文中是较稀见的。

1967年陕西长安新旺村出土西周中期器逋盂（《考古》1977年第1期），铭有"格姒后寮女寮奚"等语，我以为是记为内宫选取侍女之事，与常见的金文很不相同。由此可见金文的变化很多，不可一概而论。

有关战争的金文，数量很多，也很有价值。上节已提到，1976年在陕西临潼出土的利簋（图61），铭载武王征商，战胜纣王的日子是甲子，与《尚书》《逸周书》等文献记载完全相合。据《逸周书·世俘解》，甲子日"太公望命御方来。丁卯，望至，告以馘俘。戊辰，王遂御循追祀文王，时日王立政，吕他命伐越戏方。壬申，荒新至，告以馘俘，侯来命伐靡集于陈。辛巳，至，告以馘俘。甲申，百弇以虎贲誓命伐卫，告以

图61　利簋及部分铭文拓片

馘俘"。利簋云："辛未，王在阑自，锡有事利金。"辛未是甲子以后的第七天，即武王立政后第三天。当时整个战事尚未结束，所以次日壬申又命侯来伐陈。这件青铜器的珍异，可以想见。

尹吉甫是周宣王时的名臣，《诗·大雅》里《崧高》《烝民》等篇是他的作品。兮甲盘（《商周彝器通考》839，图62）器主兮伯吉父很可能就是尹吉甫。盘铭云兮甲从王征伐猃狁，有所斩获，王赐兮甲车马，并命他管理成周四方诸侯以至淮夷的委积。杨树达先生《积微居金文说》认为："读此铭而周室当时政治之窳败，军纪之废坏，可以见矣。王伐猃狁，而特命兮甲征求成周各国诸侯乃至淮夷之委积者，臣民夷人皆匿藏其贮积，不肯委输也。何以不肯委输？以暴吏之横征，军人之劫夺也。"这一类金文对探讨西周晚期的政治经济形势有很重要的意义。

1980年陕西长安下泉村发现的多友鼎（图63），也是记周朝与猃狁的战争的。鼎铭二十二行，二百七十八字，详述猃狁侵伐京师，王命武公追击，武公于是令多友率领兵车西追。经过几次交战，所俘战车即在一百二十七辆以上，可见战争的规模。这暗示我们，猃狁虽

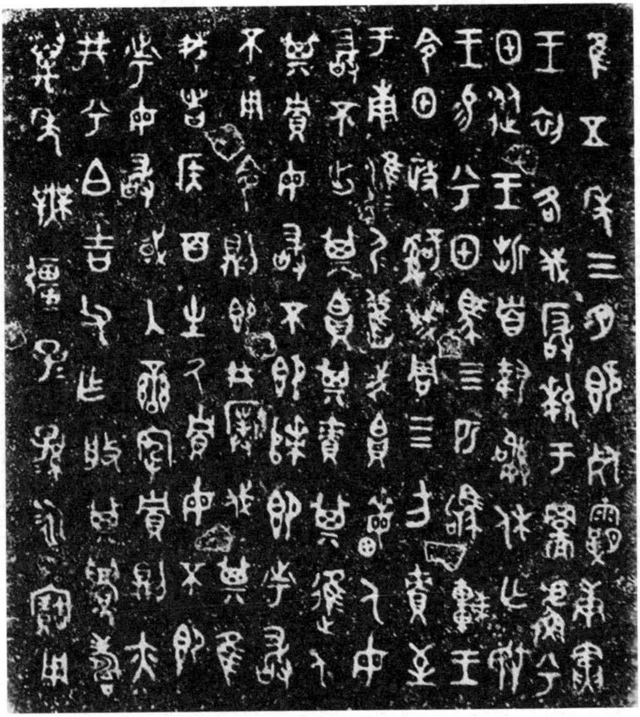

图62　兮甲盘铭文拓片

图63 多友鼎铭文拓片

系戎人，并不仅仅是游牧骑射，而是有较高文化的少数民族。

春秋时的庚壶（《商周金文录遗》232），铭记齐灵公时的一次战役，其中说："齐三军围□，冉子执鼓，庚入门（意为攻门）之，执诸，献于灵公之所，公曰：'勇！勇！'"描写生动，语言颇近于《左传》。河北平山出土的战国时器中山王鼎和方壶，描述中山伐燕的战役，谈到中山相邦司马赒"亲率三军之众，以征不义之邦，奋桴振铎，辟启封疆，方数百里，列城数十，克敌大邦"，文体则类似《战国策》《史记》。

古人认为祭祀与战争是国之大事。关于祭祀的金文，为数也不少。例如商周之际的我方鼎（《善斋吉金录·礼二》39页，图64）：

图64　我方鼎铭文拓片

惟十月又一月丁亥，我作御，祟祖乙妣乙、祖己妣癸，征（诞）礿穀，二女咸服，遣福二□、贝五朋，用作父己宝障彝。亚若。

"十月又一月"即十一月。"御"义为祀，"祟"是血祭，"衤殳"也是祭名。在祭祀时有二女服侍，祀后得到胙肉和贝的赏赐。这一类金文可用以考证古礼。

周王或诸侯任命臣下，或增授官爵，都要举行册命，受命的人每每铸作青铜器，详载册命的经过，以为纪念。金文叙述册命的很多，最详尽的可以颂鼎（图65）和膳父山鼎（图66）为例。如膳父山鼎（《文物》1965年第7期）铭所云，周王在周图室，由南宫乎引膳夫山入门，站立在中廷，面向北。王命史荣宣读册书，命山管理饮献人等事，赐给他玄衣等规定的舆服。山拜谢，接过册书，然后退出，进献瑾璋作为报答。这一套仪注和《尚书》《左传》《周礼》《仪礼》等古籍所述，基本是一致的。

由册命金文可以推知当时的舆服制度，即与一定的官爵相应的服饰和车马等项，这是古代社会等级的鲜明表现。

与土地关系有关的金文，历来很受学者重视，但其中有一些问题，还有待深入研究讨论。由于这一类金文

图65 颂鼎铭文拓片

图66 膳父山鼎铭文拓片

有好多共同的术语，互相比较有利于做出正确的解释。

　　近年这方面最重要的发现无疑是1975年陕西岐山董家村发现的卫盉和两件卫鼎（《陕西出土商周青铜器》1，172—174，图67）。卫在器铭中又称"裘卫"，是周朝掌管皮裘生产的官，相当《周礼》的司裘。铭文分别叙述他与矩伯间的三次交易，有的是以土地与土地交换，有的则是以土地或土地上的产品与裘卫的毛裘皮革交换。卫盉的铭文说：

> 惟三年三月既生霸壬寅，王再旂于丰。矩伯庶人取瑾璋于裘卫，才八十朋，厥价其舍田十田。矩或取赤虎两、麀贲两、贲鞈一，才廿朋，其舍田三田……

西周时，王举行大阅一类典礼要建起大旗，来与会的诸侯群臣都要觐见，因而矩伯向裘卫取得几种朝觐时候必需的物品。瑾璋已见于前述膳夫山鼎，是一种礼玉，两张赤色的虎皮是陪衬瑾璋的皮币。虎皮、牝鹿皮饰和有文饰的蔽膝三样，都是裘卫掌管的皮制品。瑾璋的价格是贝币八十朋，折合十田；三项皮制品的价格是贝币

图67　卫簋铭文拓片

二十朋，折合三田。这确切证明，土地在那时已可转让，而且有了以货币计算的价格。裘卫青铜器的发现，对我们研究古代经济史有深远的影响。

涉及土地制度的金文，还可举出师永盂、格伯簋、大簋、散氏盘等等，都是非常重要的材料。

叙述法律事务的金文也很重要。最著名的例子应推曶鼎（图68），其中间一段最为难解，可惜限于篇幅，在此不能详述。

岐山董家村出土的训匜（《陕西出土商周青铜器》1，207，图69），时代是西周晚期偏早，器盖联铭，计一百五十七字。铭文记述伯扬父宣判牧牛的罪状，说他和官长争讼，违背了誓言，应打一千鞭，并施墨刑，现予轻减，赦免五百鞭，其余改罚金三百锾。牧牛重新立了誓言，缴了罚金。文中反映的制度和法律规定，都与《周礼》等文献一致。

两件联铭的琱生簋（《两周金文辞大系》133、135，图70），既涉及仆庸土田的问题，又与法律事务有关。我们的意见是簋铭所述为周、召两采邑间的纠纷，其地理背景即在陕西的周原。铭中的召伯虎，就是古书中的召穆公，是众所周知的。

图68 曶鼎铭文拓片

图69 训匜铭文拓片

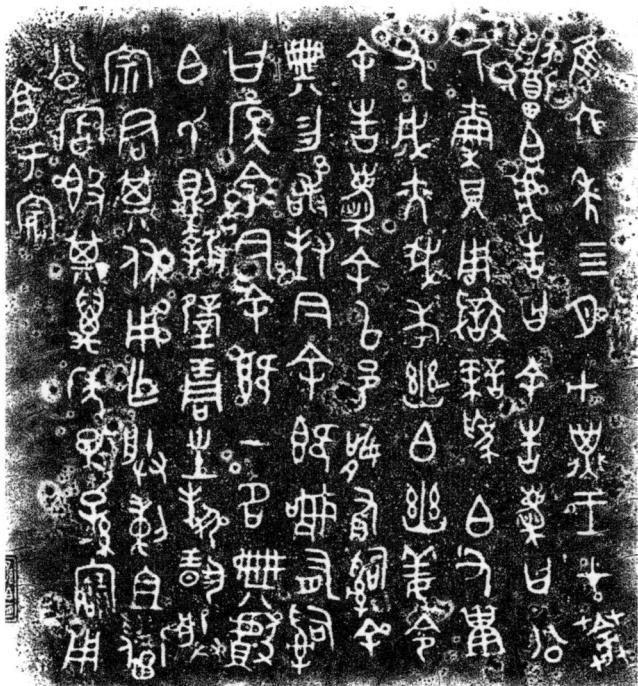

图70　琱生簋铭文拓片

另有相当一部分青铜器，是古人专为嫁女而作，叫作媵器。媵器的种类，以洗沐用的盘、匜为最多。其中也有长铭的，如1955年安徽寿县出土的蔡侯申盘（《寿侯蔡侯墓出土遗物》图版叁捌，图71），是蔡昭侯元年（前518）为大孟姬嫁与吴王所作，铭文可以说明当时蔡、吴两国的政治关系。

又如晋公盖（《三代吉金文存》18，13，3），是晋公嫁女于楚所作。作器的晋君，前人多以为是晋定公，我则主张依吴闿生氏之说，定为晋平公。平公以女嫁楚，事见《左传》昭公四至五年。据载，楚灵王派遣椒举请婚于晋，平公许婚，第二年平公亲自送女到邢丘地方。晋楚争霸是春秋史事的重要关节，这次联姻也有明显的政治背景。

不少文献提到古人在器物上有箴诫性的铭文，如《大戴礼记·武王践阼篇》就记载了一些例子。不过，在出土的青铜器上却找不到这种性质的铭文。过去曾著录一件"取它人之善鼎"，罗振玉以为是箴的佳例，已有学者指出"取它人"是人名，"善（膳）鼎"是一词，不能读成"取他人之善"。近年在山东莒县发现一柄东周铜剑，有吉语八字，与一般铭文体例不同。看来箴诫

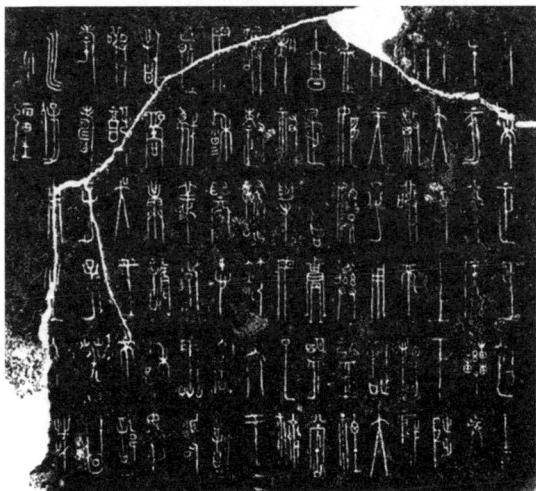

图71　蔡侯申盘及铭文拓片

性的铭文是存在的，只是为数较少罢了。

最后应附带谈一下铜镜的铭文。现在知道，直到秦代的镜上面还没有发现过文字。以前梁上椿《岩窟藏镜》说战国镜已有铭文，是把一些镜的年代定早了。我看见过一面有四字铭文的四山镜，其地纹较粗，时代应划为汉初。安徽寿县一带出土的蟠螭纹镜，不少有文字，其中有避汉淮南王刘长讳的，年代也是汉初。这种镜铭都是篆书，如：

> 大乐贵富，千秋万岁，宜酒食。
>
> 大乐未央，长相思，慎毋相忘。
>
> 大乐贵富，得所好，千秋万岁，延年益寿。
>
> 相思愿毋绝，愁思悲，顾见怨，君不说（悦）。

两汉以下镜铭都有较高的文学价值，汉初的蟠螭镜是其最早的实例。

七

战国文字研究

有一个事实，研究古文字的人大多忘记了，就是最早发现、最早得到研究的古文字，是战国文字。

上文一再说过，战国时诸侯分立，造成了《说文》所描述的"言语异声，文字异形"（图72）的局面。秦兼并六国，为了巩固政治的统一，规定以秦的字体作为规

图72 秦系文字与六国文字差异表

范，"罢其不与秦文合者"，在东方通行的六国古文因此归于绝灭。汉代的文字基本上来自秦文字，所以生在汉代的人已经不能读懂六国古文。

秦朝虽然焚书，禁止诗书百家语，但终究不能截断文化的传流。有些学者把战国时用六国古文书写的书籍隐藏起来，到汉惠帝四年（前191）除《挟书律》后，这些旧书又重现于世。例如河间人颜芝曾藏《孝经》，他的儿子颜贞把书公开出来。北平侯张苍由荀卿传授《左传》，这时也将《左传》书献于朝廷。更重要的是汉景帝时鲁恭王为扩大宫室，拆毁孔子旧宅，在墙壁里获得古文《尚书》《礼记》等数十篇，是古文书籍的一次大发现。此后，汉代有不少学者传习古文。这些书籍，都是今天我们说的战国文字（图73）。

秦代规定文字有八体：大篆、小篆、刻符、虫书、摹印、署书、殳书、隶书，其中没有古文，因为六国古文是禁止的。到新莽时改为六书：古文、奇字、篆书、左书、缪篆、鸟虫书。古文即"孔子壁中书"，奇字是"古文而异者"。东汉时，《说文》收有不少古文。曹魏正始年间，刻了三体石经（图74）《尚书》《左传》（传文只刻一小部分），三体是古文、篆、隶，可知古文那时仍在流传。

图73 战国楚国文字

图74 三体石经残石拓片

西晋武帝太康二年（281），又有古文书籍的一次大发现，就是闻名于世的汲冢竹书。那时有人在汲县以西盗掘古墓，发现了几十车竹简，由官府收得。荀勖、和峤、傅瓒等参加了整理，有《纪年》《穆天子传》等七十五篇。这批简的时代是战国晚期，自然也是用战国文字书写的。

古文之学一直传流到宋代。北宋初，郭忠恕著《汗简》（图75），是一部按部首编排的古文字典。其所以用"汗简"为题，正是由于古文源自先秦简书的缘故。这部书对我们研究战国文字很有裨益。但是，宋代以来学者接触商周金文的数量超过前人，战国古文渐被忽视。大家觉得古文上不合钟鼎款识、下不同《说文》篆体，怀疑它出于杜撰，清人郑珍的《汗简笺正》是这种

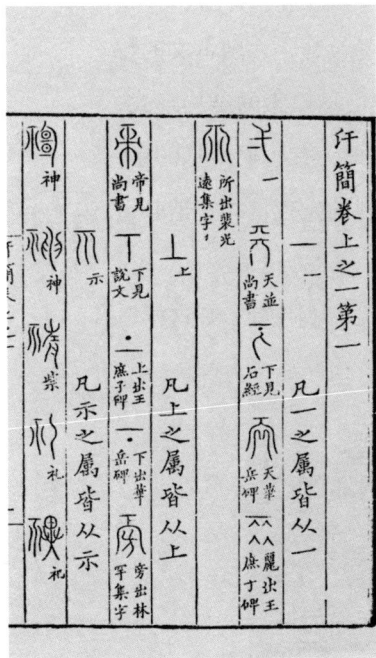

图75 《汗简》内页

观点的代表。到晚清，战国文字材料大量出现。陈介祺指出古文"校以今传周末古器字则相似"（《说文古籀补叙》)，但注意的人还不很多，到近年才得到综合的研究。

商代文字可以甲骨文为代表，西周到春秋时期的文字主要是金文，而战国文字材料就比较分散，有金文、货币文字、古玺（图76）、封泥、陶文、石刻、简帛等多项。战国文字中的秦文字还算容易读释，六国古文的特点则是形体变化特多，有种种我们不熟悉的结构形式，加以普遍使用同音假借，很难辨识。有些很常见的字，一般认为早已释出了，经过新材料的发现，才知道必须重新考虑。

例如战国时期魏国青铜器多用"钊"字，有这样一

图76 巴蜀印章

些语句：

   梁廿又七年，大梁司寇肖（赵）亡智钉……
（大梁司寇鼎）

   卅年，安（？）令痈，视事凤，冶巡钉……
（安令痈鼎）

   卅五年，安（？）令周友，视事务，冶期钉……
（安令周友鼎、盉）

还有作"钅盆"的，如：

   梁十九年，亡智枭（遝，意思是及）秘嗇夫
庶麿择吉金，钅盆……（梁十九年鼎）

这个字过去释"钘"，与古玺"守"字相比，知道实际
从"寸"。近年发现中山王方壶，有"择燕吉金，钅为
彝壶"的话，证明字应读为"铸"。"钉"从"纣"省
声。《诗经·小弁》"怒焉如捣"，《释文》云捣，本或
作痹，《韩诗》作"疛"，可以作为旁证。认识了"钉"
即"铸"字，上面列举的器铭便全部读通了。

这个例子也说明，战国文字虽然变化多端，仍然是遵循古文字演变的规律的，所以只要细心分析，还是能够读释出来。

刚才提到中山王方壶（图77），是河北平山中七汲一号大墓出土的四件长铭重器之一，壶面刻铭四十行，四百四十八字。一起发现的中山王䱸大鼎（图78），刻铭七十六行，四百六十九字，为战国金文之冠。这种长篇金文，在战国时期是罕见的。占这一时期金文大多数的，只记作器时间、监造者、工师和匠人的名字，置用处所，以及器物容积、重量等项。如河南泌阳官庄出土的一件平安君鼎，盖上的铭文（图79）是：

廿八年，平安邦司客，载四分蒿，一镒十釿半釿四分釿之重。

卅三年，单父上官庖宰喜所受平安君者也。

这件鼎是卫嗣君廿八年（前297）铸作的，监造的职官是平安君的司客，鼎的容积相当四分之一蒿，盖重一镒又十点七五釿；到三十三年（前292），交付单父（在今山东曹县境）地方的庖厨使用。这在格式上已经开启了

图 77 中山王方壶铭文拓片

图78 中山王𰸐大鼎及铭文拓片

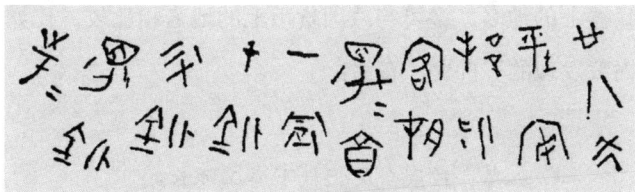

图79 平安君鼎盖铭文（部分）

秦汉金文的先河。

战国青铜兵器铭文的格式，与此相似。如魏国的大梁左库戈：

卅三年，大梁左库工师丑，冶刃。

作于魏惠王三十三年（前337）。燕国的右贯府戈：

二年，右贯府授御戟、右呇。

御、右都是戎车上的军士。秦国的张仪戈：

十三年，相邦义（仪）之造，咸阳工师田，工
大人者，工槚。

兵器上的地名，多可与战国货币上的地名相比较。比如内蒙发现的一件戈，有铭：

八年，兹氏令吴庶，下库工师长武。

兹氏地名便见于赵国的尖足布币。

　　货币也是一项重要的战国文字材料。当时列国各自铸造货币，用铜铸的有刀、布、圜钱等，形式、重量各有不同。大体说来，主要的几个国的货币（图80）是这样的：

　　周：以空首布为主，后铸有圜钱、方足布。

图80 战国时期布币

韩：以方足布为主。

魏：以圆跨布为主，另有方足布、直刀、圜钱。

赵：以尖足布为主，另有尖首刀、直刀、圜钱、方足布和三孔布等。

齐：以齐刀为主，另有圜钱。

燕：以明刀为主，另有尖首刀、圜钱和方足布。

秦：以圜钱为主。

楚：以金版和铜贝为主。

　　货币文字大多异常草率，前人考释不妥的居多，近些年随着战国文字研究的进步，许多字才得到正确解释。如楚国金版常用戳记凿出"郢再（称）""陈再（称）"等字，过去一直读为"郢爰""陈爰"。这个沿袭已久的读法，在好多新出著作里还没有能够更正。

　　后世的印章，秦以前通称为玺，到秦始皇才规定只有天子称玺，所以战国时期的印都应叫作古玺（图81）。

图81　战国"日庚都萃车马"玺印

古玺的种类相当复杂，主要有官玺、私玺、吉语玺、肖形玺四大类。形制也不像秦汉以下那样规则有限制，常有种种变化，特别是钮的形状变异很多。从材料质地说，除铜以外，用银、玉、石、骨等制成的也不少。

官玺有关职官制度，值得专门研究。战国官玺有没有统一规定，是有待探讨的问题。最多见的有一种印面正方形的白文官玺，如：

平阴都司徒（图82）

文安都司徒

夏屋都司徒

庚都右司马

平阴都司工（空）

徒口都丞

其形制尺寸一致，学者多认为是燕

图82 "平阴都司徒"铜印

图83 "司马思"私印

图84 "敦（淳）于吉"铜印

国官玺。

私玺（图83）虽只有人名，在文字研究上也颇有意义。如这种玺上的姓氏可与文献对勘，借以识出新字。复姓"上官""公乘""邯郸""苦成""成公""空佃""鲜于""淳于"（图84）"綦母""马服"等，多作合文。如果不是姓氏，有的就很难识出。吉语玺多用成语，互相对照也能了解战国古文的一些奇特变化。"吉"字所从的"士"下面横笔借用"口"的上笔，成为"古"字形；"昌"字上面的"日"简为一短横，成为"旦"形；诸如此类，都可称匪夷所思。

古玺主要用于钤印封泥（图85），不像后代那样使用红色印泥。战国封泥是少见的文物，有些被误认为封泥的，其实是陶片。《封泥考略》冠首的一块，现藏日本东京国立博物馆，背面可见用来缠缄书牍的绳痕，确系齐国封泥。

战国陶文（图86）用玺印成的多，刻划的少。晚清学者陈介祺是第一个收藏陶文的，他已经指出了陶文和古玺的关系。黄宾虹作《陶玺文字合证》，以实例证明两者的关联，极有见地。

已发现的陶文，齐国（图87）的最多，燕、秦（图88）及小国滕、邾的次之。周、三晋、楚的陶文也有零星出土。陶文的体例有些像金文，常见监造者、工匠名字、制作或置用地点等项。燕陶文如：

图85　秦朝封泥寿陵丞印拓片

图86　战国陶文

图 87　齐陶文

图 88　秦小篆体十二字瓦当（维天降灵，延元万年，天下康宁）

廿一年八月，右陶尹，佐疾、敀贺，右陶攻
（工）汤

此器作于燕王喜二十一年（前234）。齐陶文如：

　　高间里人陶者曰泪。

秦陶文如：

　　咸亭完里升器。

都只记陶工的名字和籍贯等。

　　战国时期的石刻很稀罕。有一种意见，以为著名的
石鼓文（图89）是战国时物，但未得学术界公认。最重要
的战国石刻，是在宋代发现的三件诅楚文（图90），属于
秦国，详见容庚《古石刻零拾》。前些年在河北平山南
七汲发现中山国石刻（图91），有两行十九字，是古文石
刻的珍贵实例。

　　关于战国文字的简帛，将在下节介绍。

　　战国文字的研究，目前还处在开创的阶段，有很多

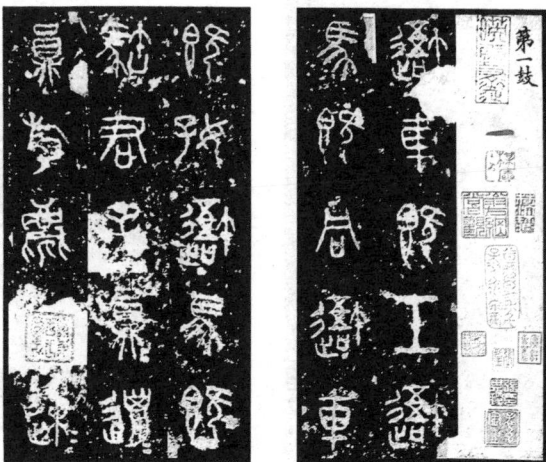

图89 石鼓文拓片（部分）

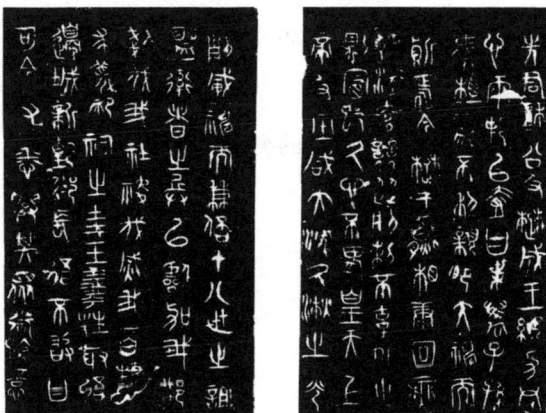

图90 秦诅楚文（部分）

图91 河北平山南七汲的中山国石刻及拓片

问题尚待深入探讨。这是古文字学近年发展最快的一个分支，连续发表了不少有价值的论文。可以期待，在最近一段时期这方面会有新的突破和收获。

8

八

纸以前的书籍

造纸是我国古代四大发明之一。目前最早的纸可以追溯到西汉，但当时纸还没有成为通行的书写材料。今天我们看到的先秦和秦汉流传下来的古籍，是后世用纸抄写或印刷的，不是当时的原貌。那么在纸普遍应用以前，书籍是用什么做成的呢？这是一个许多人关心的学术问题。

我们上文已谈到甲骨文、金文等等，有一种看法认为这些都是古代的书，商代的人用龟甲牛骨作为书写材料，周代的人用青铜器作为书写材料。这种观点现在相当流行，进入了普及读物的领域。我刚刚看到的一本新杂志，便有在甲骨文时代人们用刀（图92）刻写文章一类的话。必须说明，无论甲骨文还是金文，都不能叫作"书"，因为甲骨文只是占卜的记录，金文只是青铜器的铭文，它们都是附属于有固定用途的器物的。就像不能把后世的石刻称为"书"一样，甲骨文、金文也不属于

图92　1957年四川成都天回山出土的东汉错金铁书刀

书的范畴。

　　在甲骨文和金文的时代确实有真正的书存在。《尚书·多士》载周公告诫殷遗民说："惟尔知，惟殷先人有册有典，殷革夏命。"可见商代已经有记录史事的典册。商周两代的史官的职务，在于书写掌管典册，所以其官名也称作"作册"。"作册"（图93）这个词在武丁卜辞里就有了。我们看甲骨文的"册"字（图94），象以竹木简编组成册之形，相参差的竖笔是一支支的简，连贯各简的横笔是编册用的绳。这确切证明，商代已有简册，这才是当时的书籍。相信将来会在考古发掘中，看到商代简册的实物遗存。

图93　商王帝乙作册般甗铭

图94 甲骨文中的"册"字

　　继简册而起的，还有帛书(图95)。帛是白色的丝织品，系良好的书写材料，缺点是价格昂贵，不像竹木那样易得。《晏子春秋》云齐桓公把狐、穀两地封给管仲，"著之于帛，申之以策，通之诸侯"。《国语·越语》云："越王以册书帛。"看来春秋时期已经有帛书出现了。《墨子》说"书于竹帛"，就是简册和帛书并行的反映。

　　古代简册的发现，在历史上有不少记载。上面我们已经提到过西汉时孔壁中经和西晋时汲冢竹书的发现。类似的小宗发现还有一些，有兴趣的读者可参看舒学《我国古代竹木简发现、出土情况》一文（《文物》1978年第1期）。近代出土的材料，新中国建立前主要是1899年以来新疆和甘肃敦煌、居延所出木简，其时代都属于汉晋。更早的战国简、秦简，只是在新中国建立以后才有发现。最早的属战国前期，出于湖北随县擂鼓墩一号墓。

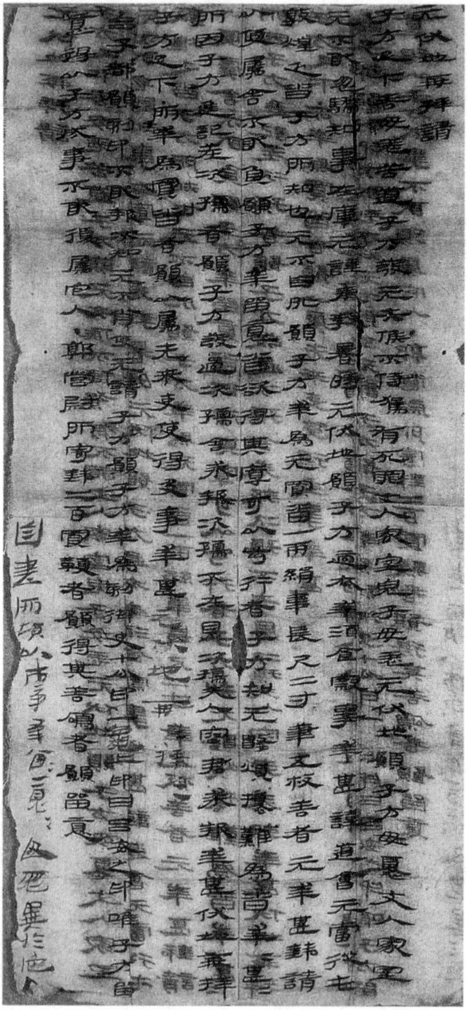

图95　1990年甘肃敦煌甜水井悬泉置遗址出土的西汉成帝时期的帛书信札

根据考古工作所得实物，知道简以竹质的为主，在竹材缺少的情况下用木代替。编简的绳多数是丝的，没有丝的地方则用麻绳。古书载孔子读《易》，"韦编三绝"。用韦即皮条编组的简，目前还不曾发现。简上编组的位置，常用刀刻成一个小的缺口，以便系绳而不滑脱。此外，还有用木板书写的，称为"牍"（图96）；以木削成棱柱形的，称为"觚"（图97）。所有简牍，都是用墨笔书写，没有刻字的。古人有"漆书"之说，前人已指出"漆"是指墨色黑而有光，并不是用漆写字。

帛书可能在历史上也发现过，但缺少明确的记载。新中国建立前在长沙子弹库盗掘出土了一件战国时期的楚帛书，有九百余字，保存基本完整。出土的年代有不同说法，一般认为是1942年，有的外国学者则以为是1934年。出帛书的墓1973年得到发掘，证明是战国中晚期之际的墓葬。这是迄今发现的最早的帛书实物。1973年底，在长沙马王堆三号汉墓发现了大量帛书。帛书原藏在一个长方形漆奁里，多数折叠成长方形，有的卷在作轴的木板上。帛书上面不仅有墨书文字，有的还有彩绘的图画（图98）。

下面对近年发现的几批最重要的简牍、帛书，分别

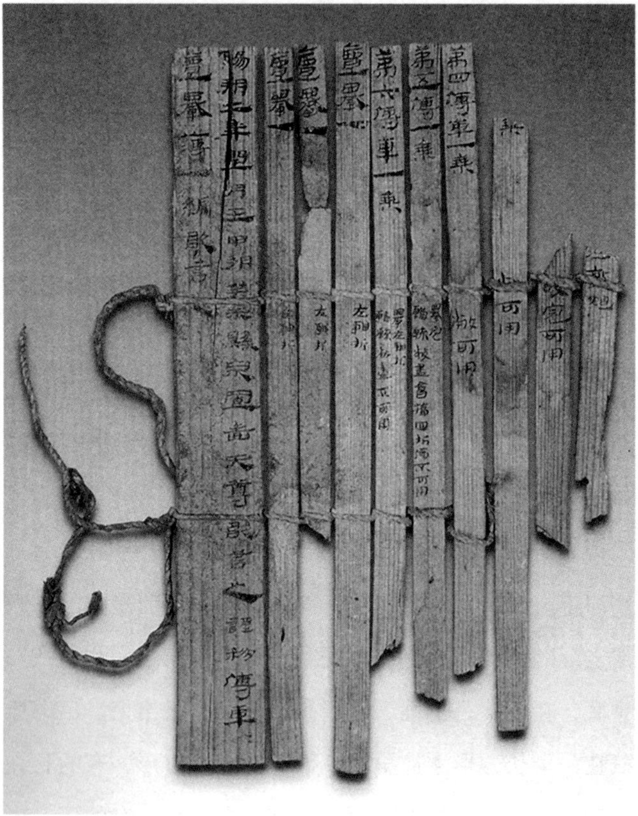

图 96　战国木椟

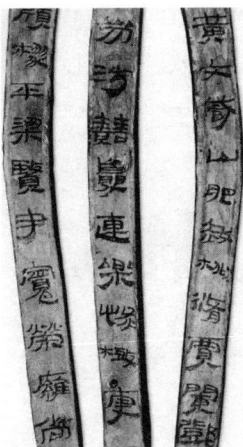

图 97　甘肃敦煌马圈湾出土的西汉习字觚

图 98　长沙马王堆汉墓出土的帛画

作一介绍。

已出土的战国简，有湖南长沙五里牌、仰天湖、杨家湾，河南信阳长台关（图99），湖北江陵望山（图100）、藤店、天星观及随县擂鼓墩等多批，都是竹简。大多数是遣策，即随葬墓中的器物簿籍，还有一些是为病者赛祷占卜的记录，这些严格地说仍不是书籍。只有长台关出土竹简中有一组，是真正的一篇书。

这篇竹书是当前我们所能看到的我国最古的原本书籍，极为珍贵，可惜已经残断，很难恢复原状。经精心缀合整理，可以看出有"三代""周公""先王""君子"等词。其中一支简有这样的话：

……周公勃然作色曰：狄，夫贱人格上则刑戮至，刚……

有学者发现，《太平御览》所引《墨子》佚文有：

周公对申徒狄曰：贱人强气则罚至。

和简文显然是近似的。

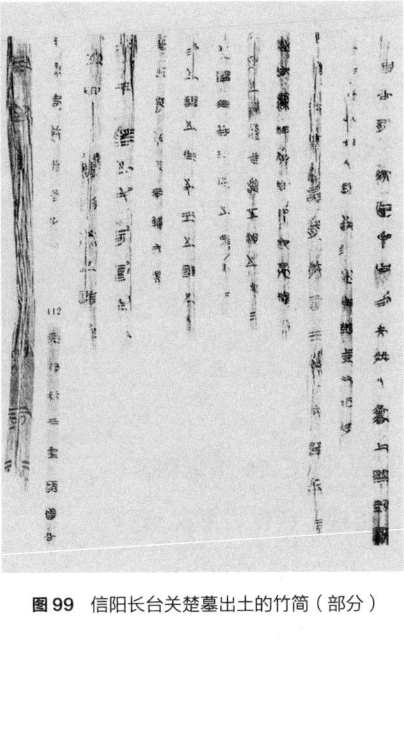

图99　信阳长台关楚墓出土的竹简（部分）

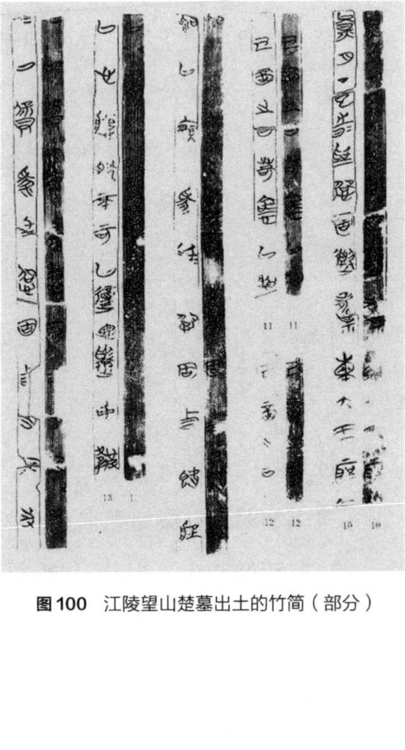

图100　江陵望山楚墓出土的竹简（部分）

听说江陵楚墓最近又有竹书出土，属于数术一类，尚待发表。

秦简（图101）是这几年最重要的考古发现之一。竹简近一千二百支，1975年底出土于湖北云梦睡虎地十一号墓。这是历史上第一次发现秦简。由简文可知，墓中死者名喜，在秦始皇时任狱吏，卒于始皇三十年（前217）。

这批秦简大部分保存良好，字迹非常清晰，字体均为秦隶。按《说文》序云：

> 秦烧灭经书，涤除旧典，大发吏卒，兴戍役，官狱职务繁，初有隶书，以趣约易。

证以睡虎地竹简，完全符合。结合秦兵器铭文研究证明，隶书的萌芽在秦始皇以前好久即已出现，所以古书说始皇时程邈作隶，大约只是对这种书体进行整理和发展。

睡虎地秦简经整理后，内容共有十种：《编年记》、《语书》《秦律十八种》《效律》《秦律杂抄》、《法律答问》《封诊式》《为吏之道》《日书》甲种和乙种。其中《语书》《效律》《封诊式》及《日书》乙种，是简上原有的标题。

真〔值〕各四百。已去而偕得。其前谋。当并臧〔赃〕以论。不谋。各坐臧〔赃〕。

贼入甲室，贼伤甲。甲号寇。其四邻、典、老皆出不存，不闻

号寇。问当论不当？审不存。不当论。典、老虽不存，当论。

求盗追捕罪人，罪人格杀求盗，问杀人者为贼杀人，且斗杀？斗杀人，廷行事为贼。

餽〔馈〕遗亡鬼薪于外一以上，论可〔何〕殹〔也〕？毋论。

妻悍，夫殴治之，夬〔决〕其耳，若折支〔肢〕指、胅體〔体〕，问夫可〔何〕论？当耐。

图101 湖北云梦睡虎地出土的秦简《法律答问》（部分）

《编年记》记载秦昭襄王元年（前306）到始皇三十年的大事，兼记墓主的生平，类似后来的年谱。简文所记，不少地方可以补充和校正《史记·六国年表》，是非常宝贵的史料。

《语书》是秦王政（始皇）二十年（前227）南郡的郡守腾的一篇文告。内容反映当时南郡人民不改变原来楚国的乡俗，不遵守秦的法令的情况。

《秦律十八种》至《秦律杂抄》，是秦的一部分法律。《法律答问》对法律的疑难问题做出解释。《封诊式》则是治狱的文书程式。秦律久已亡佚，以前程树德著《九朝律考》，只能上溯到汉律，对秦律不能做出论列，就是由于缺乏材料的缘故。竹简秦律的发现，不仅对秦代法律史的研究，而且对于整个古代历史文化的探讨都有重大的意义。

《为吏之道》是供学吏的人使用的课本。秦人以吏为师，估计喜这个人便是以法律等教授弟子的。《为吏之道》有些词句与《礼记》《大戴礼记》《说苑》等相同，还有和《荀子·成相》篇近似的韵文。篇末附抄魏安釐王二十五年（前252）颁布的法律两条，尤为珍异。

《日书》两种是选择时日吉凶的数术书。甲种用简的两面书写，先读正面，再翻转过来接读背面，在竹简中是希见的例子。

1979年至1980年，在四川青川郝家坪出土了一件秦木牍（图102），写有秦武王二年（前309）命丞相甘茂等修订的一条《为田律》，即关于农田规划的法律。这条律文直接涉及土地制度，自然非常重要。木牍的书体和睡虎地秦简也相类似。

汉初的简，应提到长沙马王堆一号墓和三号墓所出（图103）。两座墓都有非常繁复详尽的遣策，因为有器物可相比照，对辨识文字有特殊的便利。三号墓有四篇简书与帛书同出，三篇是竹简，一篇是木简，书名是《杂禁方》《天下至道谈》（原有标题）《十问》《合阴阳》，系与医药有关的佚书。一号墓死者是当时长沙国相利苍的夫人，三号墓是其子，后者下葬于汉文帝十二年（前168）。

年代相近的，有1977年出土的安徽阜阳双古堆一号墓竹简（图104）。此墓推断为汝阴侯夏侯灶墓，他卒于汉文帝十五年（前165）。简包括十几种书，最重要的是《诗经》和《仓颉篇》，后者的书体是篆书。还有一种书，篇题与河北定州八角廊西汉晚期竹简（图105）中的《儒家者言》相应，我认为是《孔子家语》古本。此外，

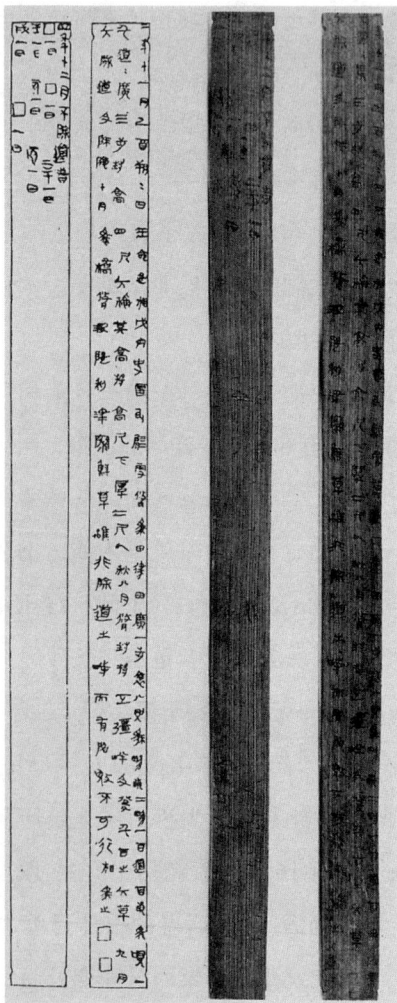

图102 青川木牍

图103 长沙马王堆出土竹简（部分）

图 104　阜阳西汉汝阴侯墓出土的汉简（部分）

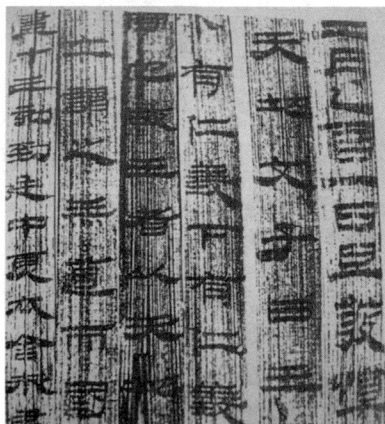

图 105　河北定州出土汉简（部分）

还有数术类的《周易》等书籍多种。

这一时期的简牍，除上述外还有广西贵县罗泊湾、湖北云梦大坟头、江陵凤凰山等批，都不是严格意义的书籍，在这里暂不详述。实际上许多秦汉墓原来都有简牍，只是不一定能保存罢了。今后考古工作中继续发现简牍，不仅是可能，而且应当说是必然的事。

以下再谈谈帛书。

长沙子弹库的楚国帛书（图106），文字可分为三篇。两篇写在帛的中部，字的书写方向互相颠倒，我建议分别称之为《四时》和《天象》。另一篇分十二段，环列于帛的四周，附有十二幅图形，称为《月忌》。

这种书写方向不一的帛书，在传世的古代文献中还有遗迹。例如《管子》有《幼官》一篇，下面又有《幼官图》一篇，两者内容多有重复。郭沫若、许维遹同志的《管子集校》认为"幼官"系"玄宫"之误，并依篇中所注图文方位，把图重新复原了，不难看出正是一件帛书。与子弹库帛书对比，是很发人深思的。

子弹库帛书是一种数术性质书籍。《四时》论述了四时起源的传说，《天象》叙及彗星、侧匿（朔而月见东方）等灾异，《月忌》则记载十二月的宜忌，均属阴

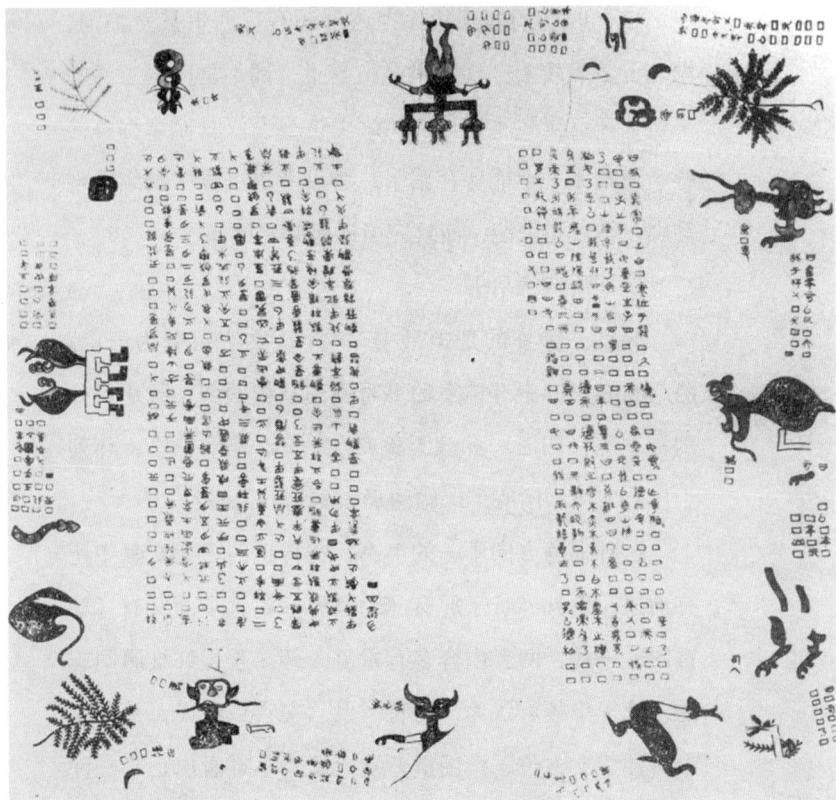

图 106　长沙子弹库出土战国楚帛书

阳数术的思想观点。从古文字学的角度看，帛书是楚国古文最完整的长篇，包含的字数最多，有许多字还不能释定，需要学者进一步努力。

马王堆帛书经拼缀复原，共二十八件。如果按照《汉书·艺文志》的分类，大体上可分为下面几类：

属于六艺的，有《周易》《丧服图》《春秋事语》《战国纵横家书》。

属于诸子的，有《老子》甲本（附佚书三种）、《黄帝书》（图107）和《老子》乙本、《九主图》，都是道家言。

可划归兵书中的兵阴阳类的，有《刑德》甲、乙、丙三种。

应划归数术的，有《五星占》、《天文气象占》《篆书阴阳五行》《隶书阴阳五行》

图107　帛书《黄帝书》（部分）

《出行占》《木人占》《符箓》《神图》《筑城图》《园寝图》《相马经》。

属方技中的医书等类的，有《五十二病方》（附佚书四种）、《胎产书》、《养生方》、《杂疗方》、《导引图》（图108）。

另外有两种地图，即《长沙国南部图》（图109）和《驻军图》（图110）。

由于帛书的整理尚未完竣，上述各件的标题以及书的分类，不少是暂定的，要等到正式发表才能确定。

马王堆帛书极其丰富多彩，可以说是当时南方的一处图书宝库。这样繁多的材料，需要学术界进行多年的反复研究，才能充分估计其重大意义。

从内容、字体、避讳等方面考察，帛书的抄写时间最早的是战国末年，最晚的到文帝初期。帛书的字体有的基本上是篆书，有的是早期的隶书，比较全面地反映了由小篆到汉隶的发展过程，因而在文字研究上有突出的价值。

最有趣味的是帛书中最早的一件，暂名为《篆书阴阳五行》（图111）。这卷帛书许多字保留着楚国"古文"的写法，它大概是一位不习惯秦人字体的楚人抄写的。

图108　帛画《导引图》（临摹）

图109 帛画《长沙国南部图》

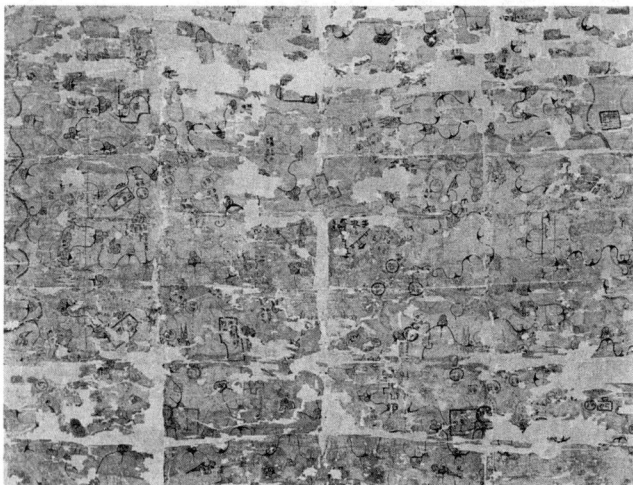
图110 帛画《驻军图》

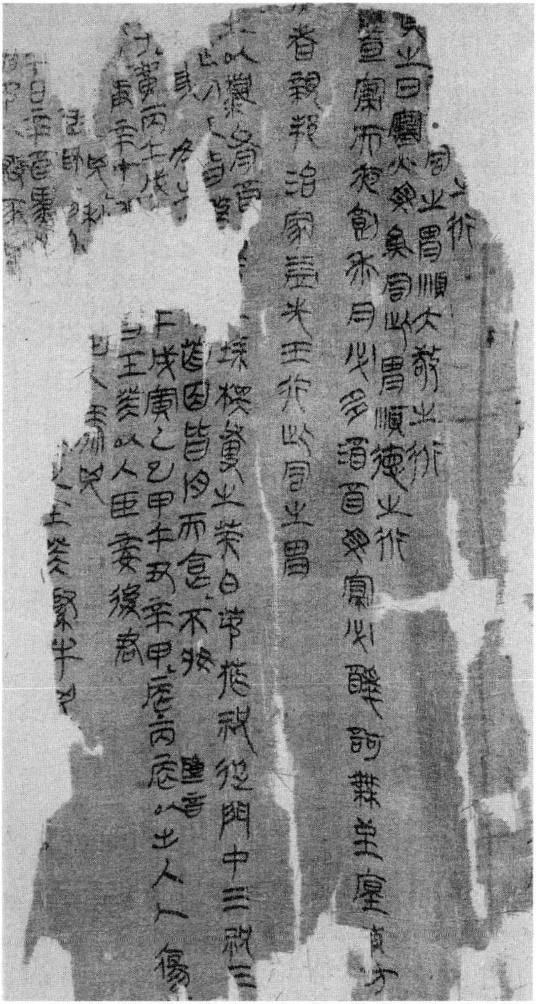

图111 帛书《篆书阴阳五行》（部分）

例如其中的一节，有几处"左"字，先是写作"岩"，是古文"左"字，后面又写作"左"，是秦的"左"字。同节的"战"字，先写作"戢"，是古文，下面又改作"戰"，是秦字。这件帛书对我们研究战国到汉初文字的变化，是难得的宝贵材料。

汉武帝时期以下，简牍的发现还有很多，帛书也有零星的发现。直到南北朝时，简帛才被纸全面代替。本书所述仅到武帝以前，所以较晚的材料只得从略。

9

九

"小学"的宝藏

图112 汉简《仓颉篇》（部分）

过去的学者常把文字的研究叫作"小学"。按照他们的说法，古文字学也可划归"小学"一类。这个名词的来源是《汉书·艺文志》，志文以《易》《书》《诗》《礼》《乐》《春秋》《论语》《孝经》等经籍列入六艺，而在六艺之末有"小学"十家三十五篇。根据《艺文志》的解释，古人幼年入小学，就要学习文字，所以把教学童文字的书籍称为"小学"。我们看志中所举有周宣王时太史籀的《史籀》十五篇、秦代李斯等人所作《仓颉篇》（图112）、汉代司马相如的《凡将篇》、史游的《急就篇》、李长的《元尚篇》、扬雄的《训纂篇》等，确实是学字的课本。由此引申，凡研究文字的书就都称为"小学"，其实有不少是相当高深的，不是学童所能理解。

"小学"即传统文字学的著作数量很多，特别是在清代，名家辈出，有深厚的积累。清人谢启昆编有《小学考》，详记了历代"小学"书籍的目录，可供检查之需。这一类书籍蕴含了许多学者苦心研索的成果，可以说是一处宏大丰富的宝藏，我们今天研究古文字时不能忽视。

在传统文字学各门类中，《说文》学发展得最充分，和古文字学的关系也最密切。《说文》的作者许慎（图113），在当时号称"五经无双"，其书著成于东汉和帝永元十二年（100），经其子许冲于安帝建光元年（121）献到朝廷，从此流行于世。许慎是著名古文经

图113　许慎像

师贾逵的弟子，继承了古文学派重视文字训诂的传统，因而《说文》一书博大精深，有很高的价值。

《说文》学到清代臻于极盛，有些终生钻研《说文》的学者对这部书尊崇过度，甚至认为一丝一毫都不许移易，简直将许慎当作圣人看待。有学者推尚《说文》，以致对新发现的甲骨文加以排斥，并且说金文大多是假造的，更是极端的事例。从今天古文字学的水平来看，《说文》当然存在不少错误，并不是神圣不可侵犯的。

现代的古文字学之所以超过传统的《说文》学，主要在于根据出土的古文字材料，这是过去讲《说文》的学者所不及见的。1920年林义光作《文源》，批评《说文》说：

> 顾许氏叙篆文，合古籀，而取古文由壁中书及郡国所得鼎彝。时未有椠书之业、拓墨之术，壁经、彝器传习盖寡，即许君睹记，亦不能无失其真，故于古籀造字之原多阙不论，但就秦篆立说，而遂多不可通。既讥俗儒鄙夫以秦之隶书为仓颉时书，乃猥曰马头人为长，人持十为斗，而自为书亦适以《周官》之六书说省改之小篆，庸渠愈乎？

许慎反对当时一些人以隶书论文字本源，这是正确的，但他自己限于客观条件，不得不以秦篆去讲造字之本，这是《说文》的局限性。

清末的学者已经充分觉察到《说文》的这种缺点，逐渐跳出许学的框架。吴大澂编《说文古籀补》（图114、图115），从书题看是补《说文》所收古文、籀文，而序中指斥“有许书所引之古籀不类《周礼》六书者，有古器习见之形体不载于《说文》者”，认为是许慎“不获见古籀真迹”。对《说文》的这种认识，奠立了古文字学

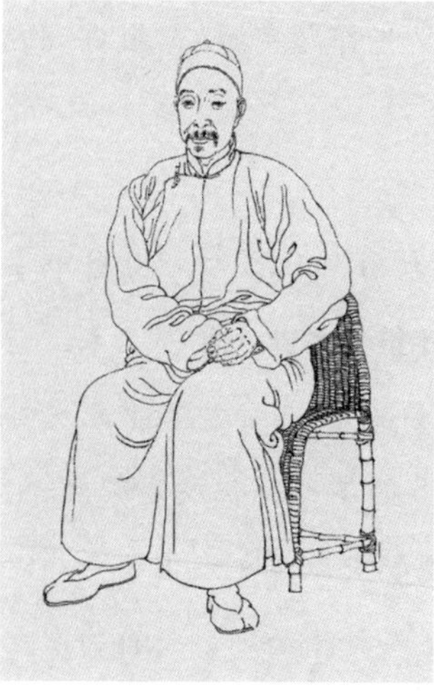

图114　吴大澂像

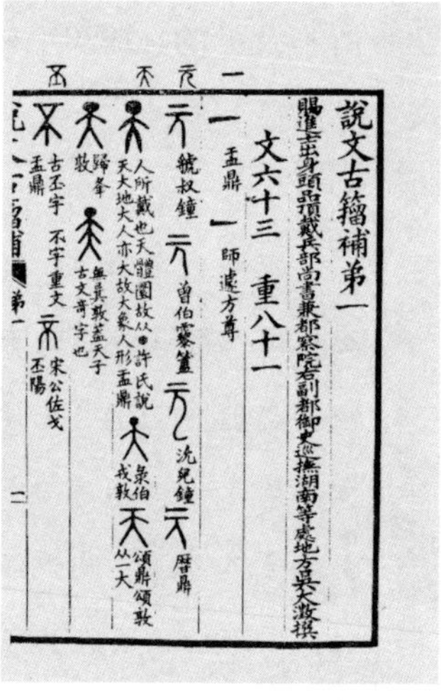

說文古籀補弟一

賜進士出身頭品頂戴兵部尚書兼都察院右副都御史巡撫湖南等處地方吳大澂撰

文六十三　重八十一

图115　《说文古籀补》内页

的基础。

　　当然，揭示《说文》的缺点和局限，不等于要摒弃《说文》。古代文字是一脉相承的，即使是《说文》中的篆字，也还保留着上代文字结体的遗迹。程树德著有《说文稽古编》，纯据《说文》来探究古代社会风俗、名物制度，颇有收获。杨树达（图116）《积微居金文说》卷首有《新识字之由来》一篇，介绍他研究金文的经验，第一条就是"据《说文》释字"。他列举所释鲁伯俞父簠"壬"字、叔噩父簠"鶍"字、隼叔匜"隼"字、杞

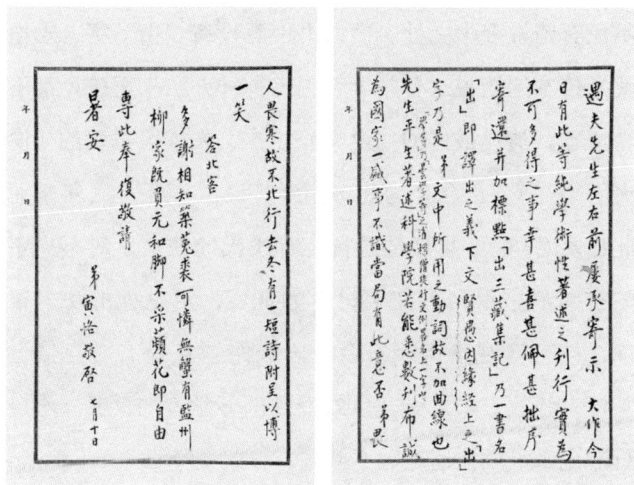

图116　陈寅恪致杨树达信

子每𣃗𣃗"𣃗"字等等，说明："从来考释彝铭者莫不根据许氏《说文》以探索古文。余今所业，除少数文字根据甲文铭文外，大抵皆据《说文》也。"我们研究古文字要超过《说文》，但不能离开《说文》和《说文》学的成果，因为《说文》是文字研究的出发点。

有些同志学《说文》，把时间精力都贯注在摹写记忆篆字上，这恐怕是很不够的。只记字形而不理解《说文》所蕴含的理论体例，势必事倍功半。

读《说文》不宜只读本文，如近年中华书局影印的一篆一行本，因为原书简古，又经过长时期传写刊刻，不免有错讹夺失之处。例如书中竟没有"由"字，恐怕就是传本的遗脱，有些学者想出种种办法来辩护，都不合情理。清代最好的《说文》注本，公推段玉裁的《说文解字注》。王念孙为此书作序，说："盖千七百年来无此作矣。"也不能算是过誉。看段氏的注文，对不少字的推断后来得到古文字材料的证实，可见他的功夫很深，能与客观事实相符合。段氏的缺点是有时自信过甚，有强改古书之处，以致受到部分学者的反驳。不过总的说来，段注还是瑕不掩瑜。

还有一些著作，能够帮助我们阅读段注。例如徐灏的《说文解字注笺》，对段氏学说不少方面有补充发挥，颇有功绩。

桂馥、朱骏声、王筠三人与段玉裁合称为清代《说文》学的四大家。桂馥的代表作是《说文解字义证》，博采群书训诂来印证《说文》。朱骏声的《说文通训定声》，本书第二节曾有介绍。朱氏有些想法很怪，如对尸部某些字的解释，想入非非，绝不可信，读者须加分辨。王筠所著主要是《说文释例》和《说文句读》。《句读》一书能综合前人学说，文章简明，由于时间限制不能通读段注的可读此书。

解放前丁福保编纂的《说文解字诂林》，旨在网罗众说，将各家有关《说文》的论著汇集起来，裱贴影印。我们想了解某字各家的学说，查阅《诂林》，就不必再翻检许多书籍。这部书附有专册的通检，依部首编排，使用比较便利。不过这部书卷帙浩繁，只能用以检查，不适于阅读之用。足本的《诂林》有《补遗》，还有《说文钥》，后者是丁氏本人的著作，也可称一家之言。

我们从传统文字学中不仅可以撷取关于文字研究的具体知识，还可借用一些方法。这便不限于《说文》

学，其他"小学"书也多有可资借镜之处。有兴趣的读者，可先看一下王念孙《广雅疏证》、郝懿行《尔雅义疏》、杨树达《词诠》等书。

古文字学者怎样具体运用《说文》以及"小学"著作中的精华，在很多论著里都能找到范例。下面试举于省吾先生《甲骨文字释林》书中《释臣》一篇，作为例证。

这篇论文先引用《说文》对"臣"字的训释：

> 臣，颐也，象形。頤，篆文臣，从页。䪞，籀文
> 臣，从首。

"颐"即"额"字，许慎认为"臣"字本义是人体部位的额，并说明是象形字。"臣"怎么像额的形状呢？王筠在《说文句读》中做了解释：

> 《淮南子》"靥辅在颊则好，在頯则丑。"高注：
> "靥辅，颊上窦也，○之外象頯，中一笔象窦。"

王筠在《说文释例》（图117）中又说：

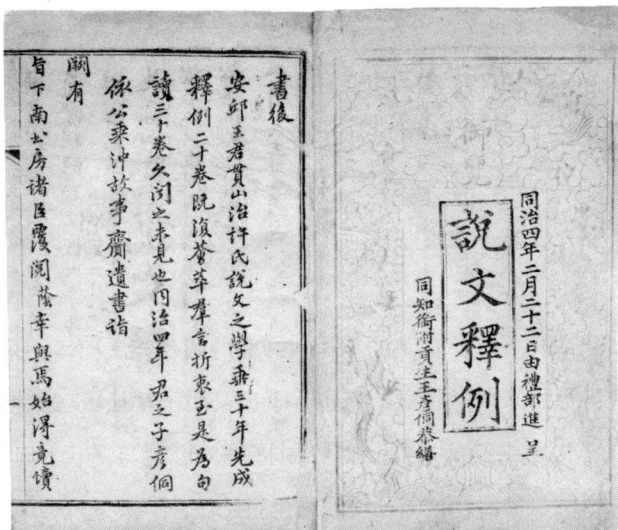

图117 《说文释例》内页

臣当作⊕，左之圆者题也，右之突者颊旁之高
起者也，中一笔则臣上之纹，状如新月，俗呼为
酒窝。

按照王氏之说，"臣"是腮上有酒窝的象形。于省吾先
生指出，许慎和王筠的说法都是不对的。商代甲骨文和
金文都有从"臣"的字，"臣"的形状并不像颔部，而
像梳篦之形。篇中引用下列文献材料：

《说文》："笓，取臣比也，从竹臣声。"

《广雅·释器》："笓，栉也。"

《说文》："栉，梳比之总名也。"

《史记·匈奴传》索隐引《仓颉篇》："靡者为比，粗者为梳。"

"比"即"笓"。齿疏的叫作梳，密的叫作笓，而笓就是密齿可用来梳除虮虱的笓子。于氏又引了罗振玉《殷墟古器物图录》著录的一件骨制梳笓，形制与商代"臣"字相仿。最后，这篇论文的结论是：

要之，以古文字古器物证之，知"臣"本象梳比之形。古文字有"臣"无"梳"，则梳乃后起分别之名。后世之臣，以竹为之，故《说文》作"笓"。许书说"臣"虽有失其朔，但存"笓"之古训，犹为可贵。

这一论断确实胜过《说文》，假设许慎能起于地下，恐怕也是要心服的。

10

+

方法与戒律

怎样研究古文字，是一个很不易讲的问题。前辈古文字学家取得许多成绩，但各有所侧重，其方法不尽相同，很难一概而论。下面试谈几点，也只能是略举其例。

前面已经讨论过文字的形、音、义，考释古文字，必须兼顾形、音、义三者。杨树达先生在《积微居金文说》自序中介绍他研究金文的经验，说：

> 每释一器，首求字形之无牾，终期文义之大安；初因字以求义，继复因义而定字。义有不合，则活用其字形，借助于文法，乞灵于声韵，以假读通之。

这一段话把古文字研究中形、音、义三者的关系很好地概括出来了。

考释古文字，第一步是要正确辨识字的形体。形体不能辨明，自然谈不到字的音、义，很多古文字研究中的错误，都是由于误认了字的形体造成的。辨识形体的基本方法在于分析字的结构，与已知的字做对比。前人常把这种方法称作偏旁分析法，但有的字不能分为偏旁，所以叫作形体分析法也许更合适一些。

所谓与已知的字对比，首先是与《说文》所载字形相比较。《说文》提供了关于文字结构的系统知识，是我们探讨古文字的出发点。古文字有的结构与《说文》里对应的字完全一致，容易辨识，有的则有些变异，需要根据文字结构的规律加以分析。例如青铜器师酉簋有一个字，下部似乎从"门"，但如从"门"即不可识。孙诒让认为此字从"片"从"禾"，下从"啚"省，实为"墙"字。这个字在师酉簋铭是史名，近年在陕西周原果然发现有史墙一家的成批器物，看来孙氏释"墙"或许是对的。

其次还要和其他已识出的古文字对比，比如甲骨文中新见的字可与金文的字对比，陶文上的字可与玺印对比，等等。时代接近的、地区相同的，文字的结构每每更为相似。还要注意到，例如鸟书这种带美术性质的文字，其中有些部分只是装饰，并不属于字本身的结构，在分析时不要忘记把它们区分开来。

形体分析并不是容易的事。古文字变化极其繁多，有的字的释读，很久以来大家都公认了，由于近年有可资对比的新材料发现，才知道过去的说法是不妥当的。例如，散氏盘（图118）是学古文字的人都熟悉的，铭文屡次出现"眉"字。晚清以来，学者都或解释为水湄，或解释为湄坪，还有以为田名的。前几年出土了两件裘卫鼎（《陕西出土商周青铜器（一）》173、174，图119），铭中有"履"字，相比较才知道散氏盘的"眉"其实也是"履"字。释"履"，铭内下列各句便都能读通：

履，自瀗涉，以南至于大沽，一封。

履井邑田，自根木道左至于井邑封道，以东一封。

矢人有司履田：鲜且……

正履矢舍散田：司徒逆寅……

"履"字训为"步"。古代田地是以"步"为长度单位的，六尺为一步，长百步、宽一步为一亩，长宽各百步

图118 散氏盘铭文拓片（部分）

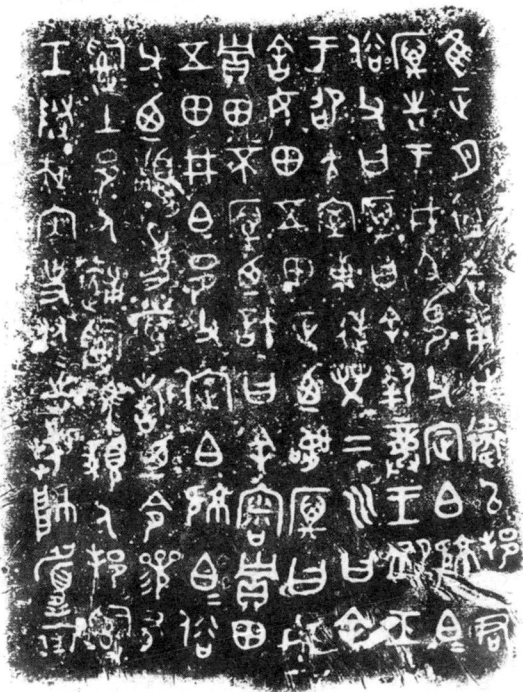

图119 裘卫鼎铭文拓片

为百亩，即一夫之田。这里"履"作动词用，是度量的意思。这显然比释"眉"要准确了。

在考释时，我们常将古文字按照其原有结构写成现在的字体，这叫作"隶定"。"隶定"这个词出于传为西汉孔安国所撰的《尚书序》，序中提到他得到孔壁发现的古文典籍，因为当时人已不能识读古文，便根据汉初伏生传流的《尚书》来考定新出简书，"定其可知者，为隶古定"。孔安国把古文《尚书》转写为西汉流行的隶书，这在一定意义上和我们释读古文字是一样的。当然，只把古文字"隶定"下来，在考释工作仅是一半，必须进一步研究，指出它究竟相当后世什么字，将形、音、义都弄清楚。

指出一个古文字相当后世某字，应当尽可能说明其间的联系，也就是该字自古至今形体演变的脉络。这种演变次第的阐明，可以揭示文字结构发展的规律，对文字学有重要意义。读者如有兴趣，不妨读一下《积微居金文说》所附《余说》卷首的自序。讨论字的演变，不限于形体结构，也可以推而广之，包括音和义的演变。

释出一个字之后，不要忘记把它放回到原文句里面，看看能不能上下贯通。这是对读释正确与否的最好考验。考释古文字，忌讳仅仅翻看《甲骨文编》《金文编》一类书，看见一两个形体特殊的字便孤立地加以解释。这样做，很难顾及原有的上下文义，所释常不可靠，这正是由于没有做到杨树达先生所说"初因字以求义，继复因义而定字"的缘故。真能把字释对了，上下读起来一定是通畅的。如果放进所释的字，反复解释仍然迂曲难通，这个字的释读就需要重新考虑。

古文字有很多假借字，甚至有些常用的字也以音近的字代替，增加了考释的困难。如长沙马王堆三号汉墓竹简有"曳之人也"一句，考释时反复审视，"曳"字没有问题，但从训诂说绝不可通。想了好久才悟出"曳"应该读为"世"字，因为"洩""绁""拽"可作"泄""绁""抴"。金文也不乏类似的例子，如《说文》"殂"字或作"殐"，所以朝歌钟铭"朝歌下官竷半锺"的"竷"字，莱戈铭"曾仲之孙莱戢用戈"的"戢"字都应读为"作"。不过，我们谈通假的时候要谨慎，一定要切合古音的规则，最好能搜集较多的证据，不可任意立说。

研究古文字，最困难的是探索一个字的"本义"。现在能接触到的古文字，大多数是已经过长时期发展的，想通过这些文字的结构认识古人创造时的意念，殊非易事。比如常见的"我"字，从形体看显然是有柄的兵器象形，但文献没有兵器名"我"的，也不知道兵器名为什么转用为代名词的"我"。这一类问题的解决，只有等待地下更多材料的发现。

古文字学是一门边缘学科，因此研究古文字除运用语言文字学的方法外，还要注意应用文献学、考古学等方面的方法，才能取得更好的成果。

在古文字学领域里有所成就的学者，无不精通古代文献。事实上，不少名家正是以文献研究的功力移用于古文字研究。我国古代有许多典籍流传至今，其著作时代和古文字材料是同时的。这些文献通过历代数以千计的学者钻研注释，有很多内容在研究古文字时应当吸取参考。可以说，没有在古代文献方面的相当修养，就不可能在古文字学上有真正的成就。

文献典籍数量浩繁，建议结合要着手研究的古文字的时代、性质，选择必要的先读。假设研究西周金文，应与《尚书·周书》各篇和《诗经》雅、颂有关部分对比。这些文献的年代和金文是相当的，读来必可有所收获。读文献，要用新的较好的注释本，不要直接读白文，也不要限于古注。

就古文字学界的现状看，强调与考古学的联系，在研究中尽量利用考古学提供的方法和成果，是有益的。郭沫若同志是这方面的一位先驱，他对毛公鼎的研究可作为很好的例子。前面曾提到，毛公鼎有铭文三十二行，四百九十七字，在金文中是最长的。鼎发现后，不少人认为铭文气象浑朴，推测为周成王时器。郭老对鼎的形制花纹作了仔细研究，与几件西周晚期的鼎进行比较，论证了毛公鼎属于晚期，不可能早到周初。此后，虽有个别学者著论反对，仍不能推翻这一定论。这说明，研究铭文不能单凭文字，还应与器物本身的考察结合起来，才能达到可信的结论。

前面曾经讲到甲骨学上的所谓"文武丁卜辞"问题，这在20世纪40年代以来的甲骨学界是争论最热烈的一个焦点。这个问题，现在在大多数学者间已经没有争议了，大家同意它们不是文武丁时代而是武丁时代的。最有力的理由之一，就是这一类甲骨在考古学的层位上属于殷墟早期而不是晚期。

过去出版的某些古文字书籍，不适于结合考古学的方法开展研究。如金文书只有铭文拓本或摹本，没有器形照片，没有尺寸、重量等描述，发现情形也很少记载。实际宋代的著录，如著名的吕大临《考古图》（图120），体例已较完善，后来有的书反而不如。陶文、玺印等文物的著录同样有这种缺点。玺印只有印面文字的钤本，没有钮制和尺寸的说明；陶文只拓出文字，看不出陶片的形状、花纹。这一类书附有器物照片的，可谓凤毛麟角。造成这种现象的原因，是当时的学者偏重文字，在研究上有所局限。今天的古文字学和以往的金石学的差别，正表现在这里。

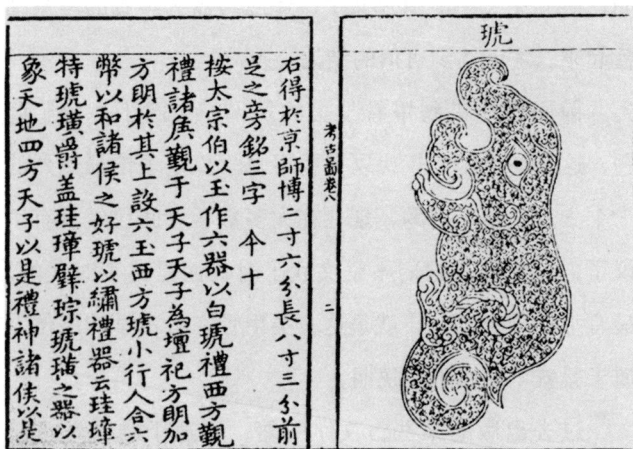

图120 《考古图》内页

总之，正因为古文字学与几种学科有密切联系，要求学古文字学的人有广泛的知识基础和训练，才能左右逢源，应付裕如。我们的院校目前没有专门的古文字学专业，读历史、考古、中文的同学，要进修古文字学，都必须逐步扩大自己的知识面。古文字学是一门比较艰深的学科，学起来不易，研究而有确实的进展更难，但任何科学都是可以学好的。古语说："功在不舍。锲而舍之，朽木不折；锲而不舍，金石可镂。"只要有"锲而不舍"的精神，古文字学不仅可以学好，在研究上也一定会开创新的局面。

　　在讲了学习研究古文字应该怎样做之后，还需要谈一谈不应该怎样做。20世纪30年代，唐兰先生在北京大学讲授古文字学，针对当时个别人的不良学风，为古文字研究设了六条戒律，录于他的讲义《古文字学导论》（图121）内。这六条戒律概括了过去不少人失败的教训，痛下针砭，殊足宝贵。唐兰先生精研古文字学几十年，为学术界所尊敬，他这六条戒律是大家应当共同遵循的，所以我们把原文抄录在下面：

　　（一）戒硬充内行：凡学有专门。有一等人专

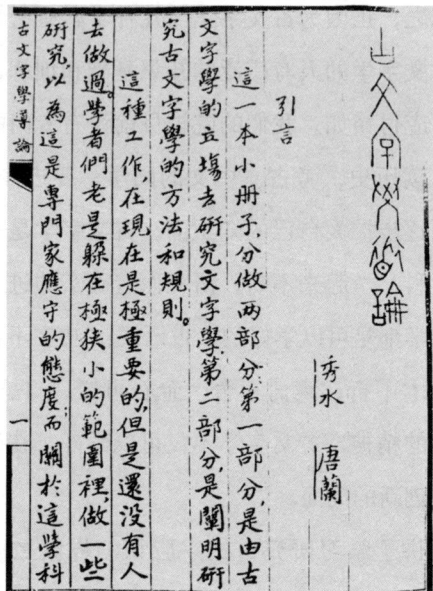

图121 《古文字学导论》内页

喜玩票式的来干一下，学不到三两个月，就自谓全知全能，便可著书立说。又有一等人，自己喜欢涉猎，一无专长，但最不佩服专家，常想用十天半月东翻西检的工夫做一两篇论文来压倒一切的专家。这种做学问，决不会有所成就。

（二）戒废弃根本：……研究古文字必须有种种基础知识，并且还要不断地研究，尤其要紧的是文字学和古器物铭学。有些人除了认识若干文字，记诵一些前人的陈说外，便束书不观，这是不会有进步的。

（三）戒任意猜测：有些人没有认清文字的笔画，有些人没有根据精确的材料，有些人不讲求方法，有些人不顾历史，他们先有了主观的见解，随便找些材料来附会，这种研究一定要失败的。

（四）戒苟且浮躁：有些人拿住问题，就要明白。因为不能完全明白，就不惜穿凿附会。因为穿凿得似乎可通，就自觉新奇可喜。因新奇可喜，就照样去解决别的问题。久而久之，就构成一个系统。外面望去，虽似七宝楼台，实在却是空中楼阁。最初，有些假设，连自己也不敢相信，后来成了系统，就居之不疑。这种研究是愈学愈糊涂。

（五）戒偏守固执：有些人从一个问题的讨论，牵涉到别的问题，因而发生些见解，这种见解本不一定可靠，但他们却守住了不再容纳别说。有些人死守住前人成说，有些（人）回护自己旧说的短处。这种成见，可以阻止学问的进步。

（六）戒驳杂纠缠：有些人用一种方法，不能

彻底，有时精密，有时疏阔，这是驳杂。有些人缺
乏系统知识，常觉无处入手，研究一个问题时，常
兼采各种说法，连自己也没明了，这是纠缠。这种
虽是较小的毛病，也应该力求摆脱。

这一番话真是语重心长，值得我们每一个人反复吟味。

11

十一

最低限度书目

古文字学发展到现在，各种著作已经相当浩繁，不可能在短时间内全部浏览。有些书虽很重要，但内容深博，不一定适于初学。为学习这一学科的朋友着想，需要开一张最低限度的书单，建议大家从什么地方下手。不过既然是最低限度，难免挂一漏万，选择失当，只能供学习者参考。

　　通论古文字的书，目前还没有适宜的新作。唐兰先生的《古文字学导论》成书于1935年，是在北京大学授课的讲义，当时印数很少，早已绝版。1981年由齐鲁书社影印，并将作者的改订稿附入，成为更完善的版本。这部书论述系统精当，文体用流畅的白话，便于初学阅读。唐兰先生后来又写了《中国文字学》，有1949年开明书店版，1979年经上海古籍出版社重印，可与《古文字学导论》一书参看。

　　高明同志为北京大学历史系考古专业讲授古文字学

有年，编有《古文字学讲义》，流行甚广。此书内的字表部分已扩大改编为《古文字类编》(图122)出版，我们希望其余部分也能早日增订，正式印行。

四川大学在徐仲舒先生指导下编有《汉语古文字字形表》一书。《字形表》和高明同志的《类编》都将甲骨文、金文和战国文字分列三栏，使字形演变一目了

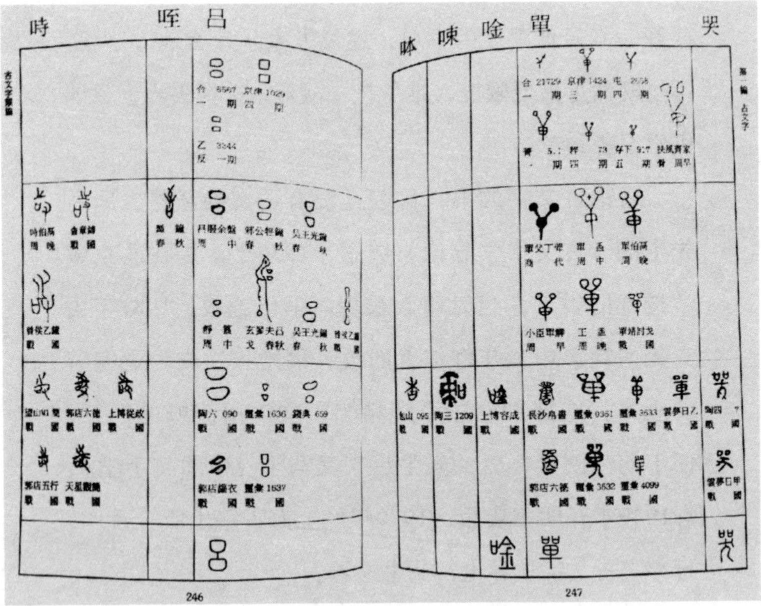

图122 《古文字类编》内页

然。两书互有异同，《类编》后面还有"合体文字"和"徽号文字"，读者最好兼备。

书目过去有容媛的《金石书录目》。解放初作者编了《金石书录目补编》，刊于《考古通讯》1955年第3期。新中国建立以来到1966年为止的论著，可查中国社会科学院考古研究所图书资料室编《中国考古学文献目录》。

郭沫若同志主编的《甲骨文合集》（图123）是殷墟甲骨集大成的著录，经过多年的努力，图版十三本已经出齐了。《合集》再加上最近印行的《小屯南地甲骨》，可以说基本上包括了所有重要材料，为甲骨学的进展提供了前所未有的条件。

图123 《甲骨文合集》书影

要了解从甲骨发现到20世纪50年代前这一段时间甲骨学的成果，胡厚宣先生的《甲骨文发现五十年的总结》和《殷墟发掘》作了很好的总结。后一部书详细叙述了解放前发掘殷墟的经过，有许多与甲骨研究有关的内容。新中国建立以后这方面的新进展，可看王宇信同志《建国以来甲骨文研究》一书。胡厚宣先生还编有《甲骨学五十年论著目》，将新中国建立前的有关著作网罗无遗。《古文字研究》第一辑收载的《甲骨学论著目录，一九四九——一九七九》，系肖楠所编，可视为胡氏《论著目》的续编。

　　综合论述甲骨的专著，至今仍推陈梦家先生1956年出版的《殷墟卜辞综述》。此书所附《甲骨论著简目》，经过一定选择，便于学者使用。甲骨学的辞典，有孟世凯同志最近编成的，即由辞书出版社印行。

　　甲骨文的字典，可用正续《甲骨文编》。文字的集释，有李孝定《甲骨文字集释》(图124)。续《文编》和《集释》是在台湾出版的。日本岛邦男所编《殷墟卜辞综类》，在字词下抄写卜辞原文，起索引的作用，检索也很方便。

　　学习甲骨文，应先读有较详考释的书，最方便的是郭沫若同志《卜辞通纂》。此书原印于日本，流传有限，听说近期可出新版，并调换部分拓本，一定会博得广大读者欢迎。如一时找不到《卜辞通纂》，可用郭老另一部著作《殷契萃编》(图125)代替。

西周甲骨材料比较零散。占主要地位的岐山凤雏的卜甲，已有摹本发表，见《四川大学学报丛刊》第十辑《古文字研究论文集》所载陈全方《陕西岐山凤雏村西周甲骨文概论》。

图.124 《甲骨文字集释》封面

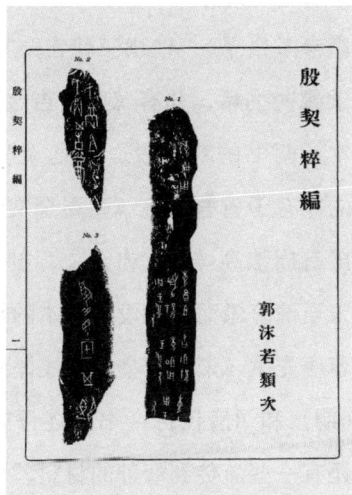

图125 《殷契粹编》内页

学金文，要首先读郭沫若同志《两周金文辞大系》（图126）。这部巨著也是在日本印行的，不过早已有了国内新版，容易读到。通论青铜器各方面的，有容庚先生《商周彝器通考》。作为《商周彝器通考》的修订本，有容氏与张维持合编的《殷周青铜器通论》，但图版不如《商周彝器通考》多。马承源同志近著《中国古代青铜器》，论述简明，很值得阅读。

罗振玉《三代吉金文存》（图127）是现有搜罗最富的金文拓本集，次之有刘体智《小校经阁金文拓本》、邹安《周金文存》等。日本林巳奈夫作《三代吉金文存器影参考目录》，注出三代吉金文存各器有器形可查的见于哪些书籍，并有《三代吉金文存》《小校经阁金文拓本》两书的对照表。补充《三代吉金文存》未收材料的，有于省吾先生《商周金文录遗》，另外在台湾省还出有周法高《三代吉金文存补》。这些书都没有包括北宋至清著录而近代没有拓本的材料。关于后者，请参看容庚先生《宋代吉金书籍述评》（《学术研究》1963年第6期）和《清代吉金书籍述评》（同上，1962年第2期）。还有一些流传到海外的材料，可参看张维持同志《评中国青铜器外文著述》（《中山大学学报》1965年第3期）。

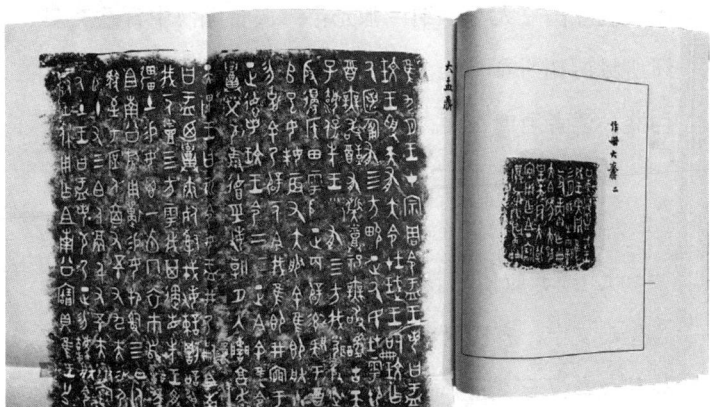

图126 《两周金文辞大系》内页

图127 《三代吉金文存》内页

澳大利亚国立大学巴纳、张光裕二氏合编《中日欧美澳纽所见所拓所摹金文汇编》搜集丰富，但该书体例兼收伪器，读者须加判别。

检索一件器物的著录情况，可用孙稚雏同志编的《金文著录简目》。金文的字典有容庚先生的《金文编》(图128)，读者应使用新中国建立后的增订本。这部书只收先秦文字，容氏另有《金文续编》，则专收秦汉文字，与其《秦汉金文录》相配合。金文的文字集释，有周法高《金文诂林》。青铜器方面的辞典，已出版的有杜迺

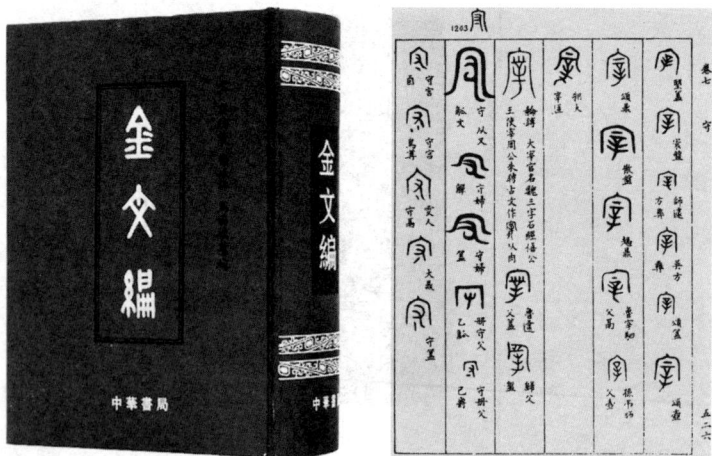

图128 《金文编》书影

松同志《中国古代青铜器小辞典》。

通释金文的著作，除上举《两周金文辞大系》外，可读杨树达先生《积微居金文说》、于省吾先生《双剑誃吉金文选》及陈梦家先生的《西周铜器断代》（《考古学报》1955年至1956年连载）。日本学者白川静有《金文通释》，卷帙繁多，目前尚在续出，但国内较难读到。

关于战国文字的通论有李学勤《战国题铭概述》（《文物》1959年第7至9期连载），但已经过时。现在还没有通论这方面新成就的专著。

货币的材料，丁福保《古钱大辞典》所录甚丰，书中还详细介绍有关著述，用起来很方便。美国邱文明的《中国古今泉币辞典》，收辑材料更多，已出版了一至六卷。战国货币文字的字典，有商承祚、王贵忱二氏的《货币文编》。

古玺的专门谱录，以往以方清霖《周秦古玺精华》为最好。最近故宫博物院罗福颐先生等编辑的《古玺汇编》已经出版，共收5708钮，远过前人。同作者还编了古玺的字典《古玺文编》，与《汇编》互为表里。古玺的通论，可看罗福颐先生《古玺印概论》一书。

李学勤《山东陶文的发现和著录》（《齐鲁学刊》

1982年第5期），概述了陶文的著录情形。陶文拓本以《簠斋藏陶》最为宏富，可惜迄今未能刊行。正式出版的材料，最好的是周进藏品的著录《季木藏陶》。陶文字典有顾廷龙氏《古陶文舂录》；近年金祥恒有《陶文编》，出版于台湾。

如参考前代关于古文的书，有关《说文》的古文可看舒连景《说文古文疏证》，有关三体石经可看孙海波《魏三字石经集录》。《汗简》用《四部丛刊》影印本，同时宜参看夏竦《古文四声韵》，后者有罗振玉石印清一隅草堂刊本。《汗简》和《古文四声韵》两书已有同志整理，最近可望印行新版。

战国时期的长沙子弹库帛书，久已流入美国，现存纽约大都会博物馆。1964年，商承祚先生在《文物》该年第9期刊布了帛书照片。后来，巴纳所著《楚帛书研究》第二部分《译注》，所附照片更为清晰。战国的竹简，已有学者整理注释，相信不久即可印行，当前还只能查阅有关考古报告和图录。

云梦睡虎地秦简整理工作已完。1978年出版的平装注释本《睡虎地秦墓竹简》，包括十种简中的八种。随后的发掘报告《云梦睡虎地秦墓》发表了全部照片和释文，但没有注释。秦简整理的整个成果，将印行为《睡虎地秦墓竹简》精装本，包括所有照片、释文、注释，供大家研究。

长沙马王堆帛书计划共出六函（图129），已出版了第一函和第三函，前者还出了精装本。帛书的整理工作尚在进行，第四函很快可以问世。临沂银雀山竹简共三函，已出版一函。

图129 《长沙马王堆汉墓简帛集成》书影

有关简牍的论著目录，有日本学者大庭脩《中国出土简牍研究文献目录》，所收文献的下限是1978年底。这份目录已有同志译出，发表于《简牍研究译丛》第一辑。

　　以上胪列的只是一些基本的论著和材料书、工具书，供学习古文字学的同志们抉择。有些很重要的著作，例如王国维《观堂集林》这样有极大影响的书，也未能列入。好在我们已提到若干文献目录，愿意深入探究的同志可据以检读。有些书一时看不到，也不要紧，可以从目录中找性质类似的书代替。至于各种著作的观点互相不同，这就需要我们善于比较判别了。

12

当前古文字学正在不断发展，每一年都有不少有相当质量的论著出现，各个分支的关键问题大多得到学者反复研求讨论。一些在20世纪50年代还被视为不解之谜的疑难，现在有了一定的解答，同时又有许多新的谜团提了出来，甚至多年来被认为已经解决的问题，由于新材料的发现又重新变成争论的焦点。和其他一切科学一样，没有大胆的怀疑和激烈的辩难，就不能期待学科的进步。

尽管经过了几代学者的努力，古文字学领域内摆在我们面前的课题还是很多的。有好多基础性的工作，限于时间和人力，还没有来得及去做。这里列举的古文字学的几个课题，远远不是全面的，只是根据目前学术界的研究状况试选的例子而已。如果能引起读者进行探索的兴趣，我们的目的便达到了。

（一）首先应该提到大汶口文化陶器符号的问题。

前文已经介绍过，这种陶器符号的发现，为中国文字起源的研究带来新的希望。我们期待着考古工作提供这方面更多的材料，现已获得的材料能早日整理公布，以便有更多学者讨论分析。

良渚文化玉器也有类似符号，可惜都不是发掘品。相信不久的将来，在有关地区的发掘中会得到更多例证。这对探索文字起源也许是很重要的关键。

（二）在甲骨文的研究方面，根据实物的观察，结合文献去揭示卜辞的文例，是一项迫切需要的工作。我们今天还不完全了解各版甲骨上卜辞的读法以及各辞间的有机联系。要想了解，必须从认识当时的卜法入手。陈梦家先生曾有见及此，他的《殷墟卜辞综述》原计划有文例的专章，可惜未能实现。

卜辞中不少字的释读也和文例有关，如最常见的"贞"字，一般依《说文》训为问，近年海外学者提出疑问，尚在讨论中。"贞"假如不当问讲，贞辞就不一定是问句了，这对卜辞的理解将有根本的改变。这只是一个例子，类似值得探讨的问题还有许多。

（三）甲骨文分期的研究，目前讨论非常热烈。殷墟甲骨有没有盘庚、小辛、小乙三王的卜辞？有没有帝辛的卜辞？都需要深入探索。前面谈到过，近年有学者对董作宾氏的五期分法提出种种不同意见，这对分期研究的进展无疑是有益的。20世纪50年代反复争论的"文武丁卜辞"问题，大体上已经取得比较一致的意见，维护原说的学者已很少见。继之而起的，是"历组卜辞"的问题，提出新说的论文有：李学勤《论"妇好"墓的年代及有关问题》（《文物》1977年第11期）和《小屯南地甲骨与甲骨分期》（《文物》1982年第5期）、裘锡圭《论"历组卜辞"的时代》（《古文字研究》第六辑）、林沄《小屯南地发掘与殷墟甲骨断代》（《古文字研究》第九辑）、李先登《关于小屯南地甲骨分期的一点意见》（中国古文字研究会第四届年会论文）、彭裕商《也论历组卜辞的时代》（《四川大学学报》1983年第1期）等；不同意新说的有：萧楠《论武乙、文丁卜辞》（《古文字研究》第三辑）和《再论武乙、文丁卜辞》（《古文字研究》第九辑）、张永山、罗琨《论历组卜辞的年代》（《古文字研究》第三辑）、谢齐《试论历组卜辞的分期》（《甲骨探史录》）等。

分期问题的解决，直接关系到卜辞材料的运用，因而对商代历史文化的研究有很大影响。当前有不少学者致力于这个问题，不是偶然的。

（四）甲骨的缀合和排谱，也是整理工作不可缺少的环节，现在还有许多事情可做。

以《殷墟文字乙编》著录的YH127坑龟甲为例，这批卜甲在坑中本来是完整的，经过《殷墟文字缀合》、《殷墟文字丙编》和《甲骨文合集》的工作，业已缀合了许多版，但肯定还有相当数量碎片能够拼缀，值得进一步努力。

排谱就是把零碎分散的卜辞，根据干支和内容集中排列起来。这种工作，有学者曾小规模试做过，已有不小的收获。现在《甲骨文合集》出版了，有条件进行分组分期的排谱，尽可能把互相关联的材料联系成谱，这样就可以更完整地了解卜辞所反映的史事。上面所说的YH127坑卜甲，在尽量拼合以后便可用排谱的方法整理，同时再把坑外有关联的甲骨补充进去，这是极有价值而又不难完成的工作。

祭祀和战争两类卜辞，尤其适合用排谱法整理。现已证明，祭祀卜辞所体现的殷礼是相当繁缛复杂的，只是由于残碎零散，我们对当时的典礼仪注所知甚鲜。战争卜辞也是因散碎之故，很难了解其因果、过程以及地理背景等。通过排谱，可以在一定程度上解决这种问题。

（五）商代历法的研究，很需要开展。20世纪40年代董作宾氏的《殷历谱》（图130）享有盛名，但有些论点未得到学术界的普遍承认。比如置闰，甲骨文记有闰月是公认的事实，但是有没有岁中置闰便值得考虑。唯一的证据是征人（或释夷）方卜辞，从干支看似应有闰九月，然而又找不到肯定属于该月的卜辞。至于西周，则有明确材料说明是岁末置闰。《殷历谱》是从排谱着手的，今后研究甲骨文的历法，也应以排谱为基础，而且要谨慎从事，排除实际不相联属的卜辞。

图130 《殷历谱》封面

（六）卜辞地理的研究，应该从头做起，对过去的成果要重新加以审核。原因是，长时期以来大家对商代地理的观念，基本上限于黄河中下游一带，认为商人活动所及不过如此。近些年的考古工作，使我们知道商文化的分布范围实际广阔得多。卜辞所见地名，有的可能在距商王畿很远的地方，当然这必须有充分的证据才能论定。

（七）商代金文有待汇集考释。长期以来，学者们希望为判别商周铭文确定一些标准，罗振玉等还试辑过《殷文存》（图131）、《续殷文存》，他们的标准今天看来不

图131 《续殷文存》内页

都是适用的。怎样由考古学出发，定出一批有铭的商代标准器，还需要费不少工夫。

金文与卜辞的对照研究，成果尚属有限。特别是一些字数较多的铭文，文义深奥，只有对比卜辞才有希望通解。商代金文与卜辞相通，殷墟五号墓器物的"妇好"是最好的例证。其实仔细搜求，类似的事例还不难发现。

（八）商代金文大多简短，有所谓"族徽"，即本书所说的族氏铭文。这种铭文的性质和意义，迄今没有详细的讨论。特别是其中常见"亚某"，"亚"有时作为字的外框，甚至把成篇铭文套在里面。"亚"究竟是什么意思？有人企图以"亚旅"之"亚"来说明，但"亚旅"是众大夫，为什么只有"亚"表现于铭文，其他更显赫的官爵反没有反映？殊不可解。

这一类简短的铭文，在数量上占全部金文将近半数，加以整理考释实在是很必要的。

（九）西周金文的历法，也是未得通晓的疑难问题。自清代以来，推算金文历朔的已有很多家，可是问题犹未解决。一个最大的障碍是铭文习见的月相如何解释，种种学说都有不十分完美的地方。近年经过几位学者努力，问题已有可喜的进展，看来解决业已有望。

当前的问题是，不管用哪种学说推算，总有一些铭文不合。个别器有误书误铸，是可能的，但如有较多的器与推算参差，就值得考虑了。由此可见，为了排定更理想的历谱，对月相等基本术语的解释仍须进一步推敲。

（十）金文中人名的涵义，有必要深入分析。古人有姓、氏、名、字、爵、谥等，铭文里出现的人名如何构成，每每不是一望可知的。以文献而言，如《春秋》经传所载周惠王子太叔带，又称王子带、太叔、叔带、甘昭公、昭公；楚司马子良之子斗椒，又称伯棼、子越椒、子越、伯贲，诸如此类，如果分开来看，很难判断是同一人，金文人名也是如此。同时，同样的人名未必是同一人，如文献中常见的周公、晋侯，实际有若干世代，说明金文的某公、某伯也应作如是观。

又如金文常有某伯、某子，研究者多以为是诸侯国君，这样就凭空增加了许多不见典籍的国名。按诸文献，这一类人名常为卿大夫之流，上一字是封邑，不是诸侯国名。假如我们多研究金文人名的体例，就不难避免这种误解。

（十一）金文的语辞，也是急待研究的好题目。我们曾提议仿照张相《诗词曲语辞汇释》的先例，编一部《金文语辞汇释》。清代王念孙、王引之父子精研古籍，以虚实交会卓绝一时。释读金文不仅要考订名物，还必须兼顾虚词，才能做到融会贯通。虚词的研究，在语辞中应占有重要地位。

这样的研究自然不限于金文，扩大到甲骨文和简帛等项也是适用的。即以秦简为例，《日书》有一条讲"盖忌"，说："五酉、甲辰、丙寅不可以盖，必有火起，若或死焉。"这里"若或"二字按常见的解释就读不通。原来"若"作"或"解，"或"作"有"解，"若或死焉"意思是"或有死焉"。这表明，在各种古文字研究中，虚词的研讨都是很重要的。

（十二）战国文字材料异常零散，学者以终生时间从事，也未必搜罗齐备。这种情况，妨碍了学科的发展。现在迫切需要的，是编纂比较完全的战国文字的字汇，将金文、陶文、玺印、货币、简帛、石刻等的文字合录为统一的字表。

过去丁佛言编《说文古籀补补》，收录战国文字较多，至今仍有参考价值。罗福颐先生的《古玺文字征》

(图132)，多年来为学战国文字者奉为依据。汇编战国文字固然不易，但一时不能完备也不要紧，不妨逐步充实，以求美善。

（十三）容庚先生曾著有《鸟书考》，新中国建立前先后撰成三篇，载于《燕京学报》；新中国建立后增补更订为一篇，见《中山大学学报（哲学社会科学）》

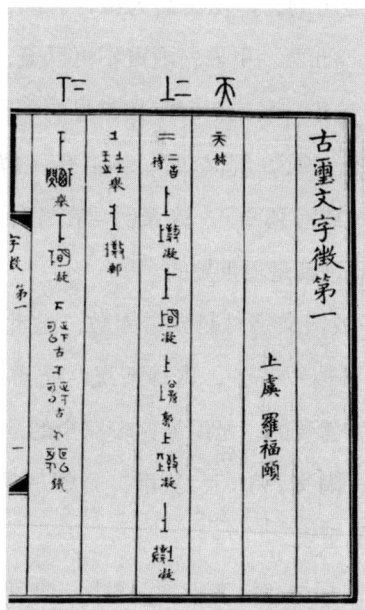

图132 《古玺文字征》内页

1964年第1期。此后专论鸟书的作品，殊为少见。

鸟书铭文尚有一些从来没有释读过。如宋代金文书中的所谓"夏钩带"，即鸟书带钩，是一篇箴言，最近才有同志发表考释的论著。近年又发现了不少鸟书青铜器，使材料大大丰富了，进一步综论鸟书的时机业已成熟。

（十四）秦文字可以作为专题。多年前，天津学者华学涑编著《秦书三种》，只出版了《秦书八体原委》《秦书集存》两种。现今秦文字材料之多，在华氏的时代是难以想象的，深入研究《说文》所讲的秦书八体，必可有不少收获。

根据现有材料，我们可以探溯隶书的产生过程。草书的起源，前人也有主张秦代说的，从某些简牍的书体看，也许是有道理的。是否如此，很希望有学者加以研究。

（十五）大量简帛典籍的出土，使大家关于古书的形成有了新的认识。例如马王堆帛书医书一部分是《内经·灵枢·经脉篇》的祖本，不难看出《经脉篇》这一体大思精的论作，是经过若干世代逐渐积累形成的。其实，中外古代典籍的形成，基本上都是如此。

以新发现的简帛为根据，可对古书的形成和传流做出综合的考察。这不仅能去除有关古籍的种种误解，对整个古代文化史的探索都将有相当重要的贡献。

附　记

　　《古文字学初阶》的初次面世，已经是近三十年前的事了，现在又蒙收入"文史知识文库典藏本"再印，实在应当感谢。在成稿到如今这段期间，中国古文字学有了很大的发展，新的成果十分丰富，但为了维持书的原貌，仍只做了一些个别文句的修改，插图也暂不更换。好在书里的基本论点，看来还是可以成立的。希望在不久的将来，有机会把这本小书重写一遍，以酬各方面的厚爱。

李学勤

2012年10月31日